우리는 청년들 입니다

우리는 청년들 입니다

명대성 지음

밀리언북스 — 남들과 같은 길을 거부하는
세무법인청년들의 유난한 도전 스토리

차례

프롤로그 —————————————————————— 010

Chapter 1
당신들이 뭔데? 이상한 세무법인청년들

1. 세무업이 재미없어서 만든 이상한 세무법인 ——————— 018
2. 우리는 '청년들'입니다 ———————————————— 030
3. 우리가 회사의 매출을 대신 올려드리겠습니다 ——————— 035
4. 누구나 원하지만, 아무도 원하지 않는 ————————— 043
5. 송금 수수료 무료화, 조심해 사기야! ————————— 049
6. 100일 동안 33권의 책을 읽는 조직 ————————— 055
7. After 10, '청년들'이 만들 미래 —————————— 063

Chapter 2
우리가 문제를 풀어가는 방식, '블루홀'

1. 세무업무의 OS, 운영체제 '블루홀'을 만들다 — 072
2. 생각을 바꾸면 당신의 세금이 달라집니다 — 079
3. 청년들이 일하는 방법 10가지 — 087
4. 팀장들이 품고 있는 12가지 질문 — 097
5. 남과 같다면 진 것이다 — 101
6. 세무업의 혁신을 가로막는 장벽 폐쇄성, '공유'를 풀다 — 104
7. 세무업 변화의 키, 협업을 풀다 — 108

Chapter 3
우리를 꿈꾸게 만든 문제&질문

1. 청년들, 이 회사는 절대 성공하지 못한다! — 118
2. 우리가 매번 넘어지는 지점을 넘어설 수만 있다면, — 126
3. 세무업에는 왜 김앤장 같은 회사가 없을까? — 132

차례

4. 우리 고객은 10년 후에도 살아남을 수 있을까? — 137
5. 질문하지 않고 어떻게 답을 찾지? — 142
6. 10년 후에는 되고, 지금은 안 되는 이유? — 146

Chapter 4
다양성을 모아 혁명을 도모하는 회사

1. 전혀 다른 생각의 만남, 청년들의 공동의장 최정만과 이규상 — 154
2. 세무법인청년들 교육사업 — 162
3. 세무법인청년들 정책자금&경리업무 사업 — 167
4. 실패보다 큰 리스크, 사업의 성공을 말하는 칼린 — 172
5. 나를 넘어서기 위한 최고의 선택, 고양 일산지점 김진우 — 177
6. 세무법인청년들의 IT 개발 이야기 — 182
7. 준오헤어를 벤치마킹하다 — 185

Chapter 5
세무법인청년들이 품은 별, 그리고 유난함

1. 100명의 전문가로 이루어진 법인 컨설팅 펌 — 194
2. 청년들의 교육 시스템, 멘탈시리즈 — 204
3. 우리가 집중하는 건 팀장, 그리고 리더십 — 212
4. 채용공고 사절, 채용설명회 OK! — 219
5. 조셉, 장자 철학을 이야기하다 — 227
6. 미안합니다. 우리는 세무업과 경쟁하지 않습니다 — 230
7. 창원에서 서울까지 청년들을 찾아온, '디스이즈' — 235

에필로그

자산가는 왜 세금 때문에 망가질까? — 240
청년들의 미래를 만드는 사람들 — 247

"남들과 같다면 그것으로 진 것이다."
이 한 문장이 세무법인청년들의 정체성입니다!

프롤로그

세무법인청년들은 지금까지 없었던 유난한 세무 서비스 플랫폼이다. 이 말 한 마디에 우리를 모두 담을 수 없지만, 쉽게 말하자면 그렇다. 우리는 세무업을 하는 곳 가운데 가장 유난하다. 여기서 '유난하다.'라는 말에 담고 있는 의미는 여러 가지가 있지만, 가장 큰 것은 '고객의 성장을 도와 우리의 성공을 꾀한다.'라는 기본기에 있다. 청년들은 그 어떤 것도 기본을 넘어선 특별함은 없다고 여기기 때문이다.

    우리는 시간을 더할수록 더 차별적인 세무 서비스를 제공할 것이다. 여기서 '시간을 더할수록'이라는 표현을 사용한 것은, 청년들이 아직 완성형이 아닌 이유다. 그럼에도 이렇게 유난을 떠는 건 우리 조직의 내부에 불을 댕기고, 구성원들을 생각하게 만들고, 도전을 멈추지 않게 만들기 위해서다. 또한 경쟁자와 고객을 자극해서 세무업 생태계의 질을 높이려는 의도를 가지고 있다. 세무업의 변화를 위해서는 업계도 변화해야 하지만 고객도 달라져야 한다.

글로써 모든 걸 다 표현할 수는 없겠지만, 이 책을 통해 세무법인청년들의 도전에 대해 말하고자 한다. 이 책을 읽는다면 우리의 경쟁자는 왜 자극받아야 하는지를 알게 될 것이고, 고객은 고객의 생각이 왜 달라져야 하는지 이유를 알게 될 것이다. 우리가 말하는 경쟁자는 단순히 세무법인이나 세무업에 한정되지 않는다. 솔직하게 말하면 기존의 세무업은 우리의 경쟁자가 되기 어렵다. 청년들이 뛰어나서가 아니라, 청년들처럼 변화를 위해 사활을 거는 곳이 없어서다.

고객이라면 왜 세무업을 달리 보아야 하는지, 왜 청년들과 같은 철학을 가진 사업적 동행을 찾아야 하는지 이해하게 될 것이다. 세금의 영역이 지인, 지인의 지인을 소개받아 대충 맡기면 안 되는 중요한 영역임을 깨우치기를 바란다. 사업의 기본은 비즈니스다. 기장료는 싼지, 다른 곳은 얼마나 더 싼지를 찾아 헤매는 것이 아니라, 이곳은 얼마나 일을 잘하는지, 저곳은 얼마나 더 일을 잘하는지, 다른 세무법인과 다른 탁월함은 있는지를 찾아다니게 되기를 바란다.

이것이 일 잘하는 세무법인을 만나는 가장 정확한 방법인 것을 알게 되었으면 한다. '세상에 싸고 좋은 것은 없다.'라는 말이 있는

데, 이 말은 거의 모든 영역에서 진실에 가깝다. '공짜가 가장 비싼 것이다.'라는 것과 함께. 심지어는 인간관계에서조차 이 이론은 진리에 가깝게 작동한다.

청년들은 매우 특이한 곳이다. 단언컨대 업계에서 가장 유별나게 일을 한다. 그리고 유별난 사람들이 모여 있다. 사업의 궁극은 세무업이지만, 업계와 전혀 관련이 없어 보이는 다름이 촘촘히 박혀 있다. 사실 이 다양함은 고객에게 제대로 된 서비스를 제공하기 위해 꼭 필요한 일이기도 하다.

대기업의 전문경영인 출신으로 청년들 그룹의 경영 자문인 데이빗, 대기업 그룹 비서실 출신으로 청년들의 조직문화를 책임지고 있는 문화기획자 로빈, 25년 차 개발자로 청년들의 IT 사업 부문을 이끌고 있는 제이슨, 애플 출신 기획자로 청년들의 PM역 크롬, 정책자금과 경리업무 전문가로 고객들의 관리업무와 컨설팅 영역을 돕고 있는 딘과 앤디, 음반을 낸 가수이자 유튜버로 바이크를 즐기는 루스. 그 외에도 각종 다름이 스며들어 있다. 단순히 모여 있는 게 아니라 무언가 특이함과 특별함을 가지고 있다. 우리는 모두 세모, 네모, 동그라미, 육각형으로 서로 다른 모습이지만, 각자의 모습으로 청년들이라는 하나의 별을 그려가고 있다.

데이빗은 청년들의 성장을 돕기 위해 기꺼이 경영자문을 하고 있고, 로빈은 청년들의 콘텐츠와 조직문화를 기획하고 스며들게 하는 역할을 하고 있다. IT사업부문의 제이슨과 PM인 크롬은 세무혁명의 시작과 끝인 '블루홀'을 개발하고 정교화를 시켜가고 있다. 여러 다양함이 모여 청년들을 세무업의 신대륙으로 만들어 가고 있다. 이 외에도 세무 실무교육에서 높은 점유율을 가진 청년들 교육사업 부문의 잡스와 팀원들, 상속/증여, 세무조사 대응 등에 대한 전문가들이 촘촘하게 모여 있다.

다시 말해 청년들은 다양성의 조합이라고 할 수 있다. 여기서 '모여 있다.'라는 의미는 '단순히 연결되어 있다.'가 아니라 하나의 조직으로 존재하며 생각하고 토론하고 움직인다를 의미한다. 이런 작은 차이가 처음부터 끝까지, 모든 부분을 달라지게 하지 않을까? 우리는 이 질문이 합리적인 생각이라고 여긴다.

이런 엉뚱한 조합을 하나의 별로 모아 놓은 것이 청년들의 공동의장인 최정만(조셉)과 이규상(까를로스)이다. 최정만은 청년들에서 몽상가 역할을 맡고 있고, 이규상은 청년들의 실행가 역할을 맡고 있다. 이 공동체에 다양성이 모이게 된 건, 둘의 연대에서 오는 시너지 때문이라고 할 수 있다. 최정만과 이규상이 입버릇처럼 말하는 것은 세무업계의 '김&장'을 만들겠다는 말이다. 청년들의 구성원들은 이 목표를 함께 꿈꾸고 같이 공유한다.

우리는 단순 세무업을 넘어서는 서비스를 제공하고 있고, 더 특별한 서비스를 제공하기 위해 생각한다. 그리고 생각한 것은 반드시 실행으로 옮긴다. 청년들이 다른 곳과 극명하게 다른 것은 생각하면 반드시 행동으로 옮긴다는 것이다. 생각은 누구나 할 수 있지만, 행동은 누구나 할 수 없다. 우리의 장점은 과거나 현재에 매몰되지 않는다는 것이다. 언제나 더 좋은 방법이 있고, 이 방법은 적극적으로 찾는 사람들에게만 보인다는 것이 청년들의 생각이다. 이 지점이 다른 도전자들과 가장 많이 다른 부분이다. 이 다름이 청년들의 지향하는 바다.

청년들에서 조직문화를 만들어 가고 있는 나, 로빈은 청년들이 하는 일에 '설레발'이라는 표현을 자주 쓴다. '설레발'은 책임지면 성공한 무언가가 되지만, 책임지지 않으면 거짓말이 된다. 내가 이 표현을 자주 사용하는 것은 청년들의 의장이 던지는 말에 대한 책임감을 가져야 한다는 의미에서다. 최정만과 이규상은 이 설레발을 3년째 지속하고 있다. 3평으로 시작해서 300평으로 이 설레발을 옮겨가고 있다. 5명으로 시작했지만 100명을 넘어 설레발의 크기를 키워가고 있다. 그리고 전 직원이 같은 실력을 갖추고 동일한 서비스를 제공하기 위해 시스템으로 엮어가고 있다.

청년들은 아직 대중적인 브랜드가 되지 못했다. 이것이 우리를 멈추지 않게 만들고, 생각하게 만들고, 지속해서 움직이게 만든다. 아직은 할 일이 많고 가야 할 길은 멀다. 하지만 한 걸음씩 뚜벅뚜벅 걸어갈 계획이다. 결국 멈추지 않고 걷는 자가 승자가 될 테니까. '세무법인청년들'을 모르는 고객이 더 많다. 아쉽지만 아직은 그렇다. 세무법인청년들의 역사는 이 책이 출간되기 전과 후로 나뉠 것이다. 유난함으로 무장해서 이 책을 쓰는 이유다.

누군가 '당신들이 뭔 데?'라고 질문하거나, 이 책을 누가 읽겠어요?'라고 반문한다면, 우리의 대답은 명쾌하다. 이 책의 가장 중요한 독자는 청년들의 구성원이다. 세무법인청년들이라는 생태계에서 공동의 목표를 가지고, 희망 고문을 견뎌 내고 있는 동료 100여 명이 가장 중요한 고객이다. 청년들의 마린, 태미, 앤, 엘라, 밀러, 조안나, 오스틴, 듀크, 준 등 우리 구성원들의 자존감을 높여줄 수 있기를 희망한다. 이것이 이 책의 가장 중요한 목적이다.

그다음은 우리 고객의 자부심이 되기를 바란다. 청년들과 세무 계약을 맺기 위해 창원에서 서울까지 찾아준 ㈜디스이즈, 외식업의 혁신 플랫폼 '먼키' 브랜드 ㈜먼슬리키친 등의 자부심이었으면 좋겠다. 또한 기꺼이 성장성에 대한 믿음만으로 청년들의 투자자가 되어준 상장사 W사의 자랑이기를 바란다. 당신들이 우리의 자랑이듯. 당신들에게 청년들이 자랑이었으면 한다. 우리는 청년들의 도전적인 생각과 행동이 고객사의 성장에 어떻게 도움이 되는지를 보여줄 것이다. 고객사의 경영적·세무적 이익을 누리게 만들기 위해 어떤 노력을 하고 있는지를 보여줄 것이다. 이것이 청년들이 품고 있는 재미, 단 하나의 가치다.

청년들은 구성원들의 수고가 고객에게 보이기를 원한다. 청년들의 구성원들이 당신들을 위해 얼마나 노력하고 있는지, 고객을 위해 얼마의 시간을 투자하고 있는지, 당신들을 위해 도대체 어떤 일을 하고 있는지가 전달되기를 바란다. 이런 교감이 세무업과 고객의 시너지를 만들 것이라고 믿는다. 우리는 이런 소통을 하기 위해 청년들만의 시스템을 만들고 있다. 지금까지 세무업과 고객의 관계에는 아이러니가 있다. 고객은 이들이 무엇을 많이 한다고 하는데 도대체 뭘 하는지 모르고, 세무업은 하는 일이 이렇게 많은데 고객들이 몰라준다고 하소연한다.

    청년들이 선택한 방법은 이런 투정 대신 이 부분을 해소하기 위해 청년들의 모든 역량을 걸었다. 이런 청년들의 노력이 세무업과 거래처의 관계가 얼마나 달라질 수 있는지 보여줄 것이다. 고객사의 성공을 도와 우리도 성공하기를 꿈꾼다. 청년들 구성원들의 일에 대한 재미를 높이고 대기업을 넘어서는 연봉과 복지로 채워진 도전적인 공간으로 만들 것이다. 우리는 이 설레발을 향해 또 한 걸음 뗄 것이다. 설레발이 결과가 되는 그날까지.

    이런 유난한 도전과 청년들의 진심이 당신에게 가 닿기를 그리고 연결되기를.

2024년 봄. 세무법인청년들 기업문화 기획자 명대성

1
Chapter

당신들이 뭔데?
이상한 세무법인청년들

1
세무업이 재미없어서 만든 이상한 세무법인

'다 좋은데 왜 이렇게까지 하는 건가요?'

청년들에 합류 전, 내가 최정만에게 했던 질문이다. 내가 이 질문을 하기 전, 최정만은 나에게 장장 3시간 동안 청년들의 꿈에 대해 들려주었다. 이때 최정만은 조금 신나 있었고, 많이 들떠 있었다. 그리고 최정만은 나에게 이런 말을 들려주었다.

'재미가 없어서요.'

나는 청년들에 합류 전 스타트업에서 부사장 직책을 소화하다가 퇴사하고 나왔다. 직책과 연봉은 꽤 괜찮은 수준이었는데, 오너의 일탈에 작은 희망도 느끼지 못했다. 나는 대기업 그룹 비서실 출신으로 충성도를 중요하게 생각하는 사람이다. 그리고 그런 면이 있어야 한다고 생각하는 사람이다. 하지만 예나 지금이나 개념이 없는 리더를 좋아하지 않는다. 영혼을 팔기 싫어서이기도 하지만, 그런 회사에 미래가 있을 수 없기 때문이다. 오너가 이상한 기업이라면 힘 있는 직책일지라도, 오너의 신임을 얻기 위해 나 역시 개념 없는 리더가 되어야 하기 때문이다.

누군가는 나에게 배가 덜 고파서 그런 거라고 매우 친절히 일러주기도 하지만, 나는 배가 고파도 영혼을 파는 일은 하지 않는다. 성공하기 위해 할 수 있는 것은 무엇이든 할 수 있지만, 영혼까지 침해당하거나 팔아야 하는 것은 기분이 별로다. 이런 기업에서는 성공하면 할수록 문제가 더 커진다. 이런 조직에서 머리를 조아리고 있는 것은 조직에도 손해고 나에게도 손해라는 것쯤은 아는 나이다. 솔직히 이런 자아가 형성된 사람을 움직이는 건 쉬운 일이 아니다.

최정만을 만날 즈음에는 원래 하던 일과 전혀 다른 일을 하고 있었는데, 나름 거기서도 짧은 시간에 인정받아 수입은 꽤 높은편이었다. 이즈음 세무법인청년들의 수장인 최정만에게서 뜬금없는 이메일 연락을 받았다. 꼭 만나야 할 일이 있다면서, 친절하게 연락처를 남겨두었다. 내 책《내일부터 팀장으로 출근합니다》를 읽었다고 했고, 누군가를 통해 이메일을 받았다고 했다. 잊고 있다가 문득 생각이 나서 전화했는데, 최정만은 나에게 90분이 넘도록 뭔가를 이야기했다. 최정만은 이때도 매우 흥분된 상태였는데, 요지는 꼭 만나서 이야기를 나누자는 말이었다.

최정만을 처음 만난 건, 2022년 7월 마지막 주말이었다. 그날은 청년들 교육사업 부문장 잡스와 함께였다. 우선은 사무실 구경을 먼저 시켜주었다. 내가 아는 여느 세무법인들과는 많은 것이 달랐다. 세무사무실이라기보단, 세련된 스타트업 사무실 같은 느낌이었다. 가장 눈에 띈 것은 세무법인청년들 아래에 써 있던 '지식보다는 상상력'이라는 문구였다. 그리고 사무실 이곳저곳에는 온통 질문과 문장들로 도배가 되어 있었다. 게다가 자유분방해 보이는 회의실 안에는 '청년들이 일하는 10가지 방법'이라는 문구도 붙어 있었다. 내가 아는 세무사무실들은 역으로 '상상력보다는 세법'이라거나 '실력보다는 인맥'을 외치는 곳들이 더 많았기에 어색함이 있었다.

"소장님, 나는 당신을 유명하게 만들어 드리고 싶습니다."

함께 식사를 마치고 커피를 마시면서 최정만이 내게 던진 말이다.

"네? 저를요?"라는 나의 반문에, 최정만이 말했다. "나는 소장님, 당신이 유명해졌으면 좋겠습니다.《내일부터 팀장으로 출근합니다》같은 깊은 내용의 책이 사랑받아야 하는 건 당연한 일이라고 생각합니다. 진심입니다. 그리고 그렇게 만들 겁니다."라면서 설레발을 떼었다. 사실 나는 이런 귀를 간지럽히는 말을 좋아하지 않는다. 경험상 이런 말 하는 사람들은 사기꾼에 가깝거나 원하는 게 따로 있다는 편견을 가지고 있기 때문이다. 어쨌든, 이때는 최정만에 대한 의심이 있었다.

최정만은 독서경영을 통해 회사의 성장을 도모하고 있었다. 서로 인연이 되려고 했는지 내 책을 접한 건, 나름의 스토리가 있었다. 청년들 교육사업 부문에 근무하는 조이가 내 책《내일부터 팀장으로 출근합니다》를 읽고, 청년들의 본점 실장인 마린에게 읽어볼 것을 추천했다. 이것이 청년들과 나의 인연의 시발점이 되었다. 마린은 다시, 청년들의 의장인 최정만에게, 최정만은 다시 공동의장 이규상에게, 이규상은 다시 팀장들에게 이 책을 읽게 했다. 다시 말해 청년들의 모든 리더가 내 책을 읽은 것이다.

최정만의 표현에 의하면 '이건 가짜가 아닌 진짜다. 경험이 없이는 나올 수 있는 내용이 아니다.'라고 생각했다고 한다. 책의 저자로서는 기분 좋은 일이었지만, 당시 그의 행동은 다소 넘치게 느껴졌다. 나중에 알게 된 사실이지만, 최정만과 이규상뿐 아니라 구성원들까지 사람 문제로 가장 힘든 상황일 때 내 책을 접한 것이다. 그런데 신기하게도 내 책에 있는 내용들은 모두 청년들에서 벌어진 일들과 연결되어 있었다. 이 타이밍에 한 권의 독서가 청년들과 나를 인연으로 묶어준 것이다.

청년들 사무실에 두 번째 방문했을 때, 직원들의 분위기가 다른 곳들과 다르다는 것을 확실하게 느낄 수 있었다. 직원들은 하나같이 방실방실 웃고 있었고, 낯선 이의 방문을 경계하지 않고 모두 반갑게 맞아주었다. 두 번째 만났을 때, 최정만은 팀장들을 불러 나에게 인사를 시켜주었다. 회사에 대한 궁금증은 이내 최정만에 대한 궁금증으로 바뀌었다. '이 사람 뭐지?' 아무튼 특이한 사람이었다. 그의 주변에는 유독 다양한 사람들이 많이 모여 있다. 세무업과 전혀 관련이 없어 보이는 사람들까지. 주변인들은 조합이 조금 어색하지만, 매우 다양했다. 청년들에 대한 내 첫인상은 '유별남'과 '다양성'이었다.

이후 최정만과 만나는 시간이 많아졌고 대화를 나눌 시간이 많아졌다. 최정만은 몇 차례에 걸쳐서 청년들의 성장통을 들려주었다. 특히 청년들의 강점과 취약한 부분을 많이 알려주었다. 이런 일련의 과정을 몇 차례 거치고 나서 최정만은 본색을 드러내기 시작했다. 나에게 청년들의 리더십과 조직문화를 도와달라고 제안했다.

"소장님과 함께 청년들을 크게 키워보고 싶습니다."

사실 최정만을 몇 차례 만나면서 이런 사람과 함께라면 청년들과 일해 봐도 괜찮겠다는 생각이 들었다. '나는 여기서 무엇을 해야 하지?'라는 생각과는 별개로.

최정만의 제안을 듣고 두 가지 궁금증이 생겼다. 이렇게 일을 키우지 않아도 수입이 괜찮을 것 같은데, 왜 이렇게까지 하지라는 의문이 첫 번째 궁금증이었다. 두 번째 궁금증은 일을 키우지 않는 것이 수입을 극대화하는 데 최고일 것 같은데, 왜 이렇게까지 일을 키우는 거지라는 비슷하지만 다른 의문이었다.

나는 최정만에게 또 다시 질문을 던졌다. 진심인지 확인이 필요해서였다.

"다 좋은데, 왜 이렇게까지 하는 겁니까? 진짜 이유가 뭐에요?"

일을 벌이지 않아도 충분히 잘나가는 대표, 거래처가 차고 넘치는 세무법인, 돈 많이 버는 세무사로 지낼 수 있는데, 왜 머리 아프게 일을 크게 만드는지에 대한 솔직한 궁금증을 꺼내 물었다. 최정만의 대답은 여지없이 "재미가 없어서요!"라는 말이었다. 나는 다시 질문했다. "재미 때문에 이렇게 일을 크게 벌인다고요?" 그리고 많은 대화를 나누었다.

지금에 와서 말하지만, 그때 최정만의 대답이 나를 움직였다. 웃기는 말이지만 청년들에 합류한 이유가 재미 때문이다. 다시 말해 내 질문에 대한 최정만의 답 '재미'가 내 마음을 움직인 셈이다. 그런데 나 말고도 이런 대답에 움찔움찔한 사람들이 청년들에는 많이 있다. 또한 여전히 합류 중이다. 조금 이상하고 유별나다. 그렇다고 아무나 불러 모으지는 않는다.

최정만은 내 질문에 대한 답에 더 해 이야기를 더 들려주었다. "지금 상태에서도 돈은 잘 벌고 있고, 세무사로서의 괜찮은 입지도 만들었어요. 오히려 지금 벌이는 일을 하지 않는 것이 돈을 버는 거죠. 지금은 버는 것 이상으로 투자를 하고 있어서 수입이 없어요."라고 하면서 방실방실 웃어댔다. 이땐 약간 이상한 사람 같다고 생각했다.

그런데….

"단순히 돈만 버는 건 가치가 없잖아요. 단순히 기장 해주는 세무사무실 말고, 세무업의 판을 바꾸는 회사를 만들고 싶어요. 그래서 명대성 소장님 같은 사람이 필요한 겁니다. 아무 생각 없이 함께하자는 게 아니구요. 소장님이 우리 회사에 꼭 필요한 존재이기 때문에 합류를 요청하는 겁니다. '와, 이런 이상한 세무법인도 있네. 세무업도 바뀔 수 있구나. 세무업도 독보적인 브랜드를 만들 수 있구나.', 이런 메시지를 던져주고 싶어요. 우리 직원들이 당신들을 위해 이렇게 제대로 일하고 있다는 것을 보여주고 싶은 거죠. 단순히 기장을 대행해주는 업체가 아니라 세무업이 사업의 가장 중요한 파트너라는 것을 알려주고 싶어요. 그렇게 번 돈으로 다시 고객사를 도울 더 좋은 방법을 찾고, 직원들에게 자부심으로 돌려주고 싶어요. 고객도 직원도 모두 청년들의 파트너니까요. 그게 내가 만들고 싶은 청년들의 가치입니다. 우린 세무사 사무실이 아니라 컨설팅 회사, IT 회사, 플랫폼 회사를 향해 달려갈 겁니다. 우리는 세무법인이 아니라 토스와 경쟁하고 싶습니다." 반드시 세무업계의 김&장, 세무업계의 삼일회계법인 같은 유일무이한 브랜드를 만들 겁니다."

나는 이런 그의 말에서 최정만이 아니라 청년들의 욕망을 느꼈다. 사람을 움직이는 건 돈만으로 할 수 있는 것이 아니다.

어쨌든 나는 최정만과 이 대화를 나누고 나서 청년들의 리더십과 조직문화를 돕기로 결정했다. 나는 이런 미친 생각을 가진 사람이 좋다. 대기업 그룹본부 비서실에서 직장생활을 시작해 스타트업 부사장, 내 사업체도 운영했지만, 나는 이런 미친 생각을 행동으로, 그것도 이렇게 추진력 있게 옮기는 사람을 그다지 경험한 적이 없다. 특히 리더라고 불리는 사람 중에는. 이거면 나에게는 함께 일할 가치가 충분하다. 누군가는 '일하는 데 이런 거창한 생각까지 필요해?'라고 할지 모르겠으나, 나 같은 부류의 인간을 움직이는 데는 '미친 생각'이 많이 작용한다. 미친 생각은 곧 욕망을 자극하기 때문이다.

사실 이렇게 거창한 목표를 말하는 사람은 많다. 나 역시 그런 사람임을 부인할 수 없다. 자신이 상상하는 생각을 던지고 설레발 떠는 사람은 숱하게 보아 왔던 터다. 나는 아이디어를 던졌으니 '이제 당신들이 돈을 벌어!'라고 하는 신종 또라이들과 고상한 취미생활을 하는 돈질러를 무수하게 경험했다.

내가 최정만에게 매력을 느낀 건, 그가 상상하는 것을 즉시 행동으로 옮긴다는 사실이다. 미친 생각을 가진 사람 대부분이 설레발로 끝나는 건, 직접 행동에 나서지 않기 때문이다. 말도 안 되는 걸 시키고, 밥벌이를 볼모로 직원들을 괴롭히는 이상야릇한 바람으로 끝나는 경우가 많아서다. 직원들보다 리더가 더 많이 일하는 회사, 일은 직원들이 하고 책임은 리더가 지는 회사, 그게 건강한 회사의 시작인데, 청년들의 문화가 이렇다.

이 회사는 조금 이상한 집단이다. 최정만 같은 생각을 하고 그 생각을 공유하는 사람이 많다. 솔직히 전부는 아니지만, 전부에 가깝다. 그리고 이 생각을 서로 공유한다. 이게 청년들이 공유하는 기업 문화다. 꿈이 다르면 이 공간에서는 버티기가 어렵다. 업무에 바쁜데 책을 읽어야 하고, 일을 더 잘하기 위해 업무를 분석해야 하고, 토론하고 공부해야 한다. 거기에 더해 고객을 위해 무엇을 할지까지 고민하고 생각하기를 요구한다. 자율이라고는 하지만 창의적 생각을 포기한 사람에게는 매우 힘든 일이다. 청년들은 이런 생각과 행동을 즐기는 조직이다.

누군가는 우리가 펴내는 책을 보면서 '유난 떤다!'라고 하겠지만, 이건 유난이 아니라 청년들의 문화다. 청년들에 대한 다짐, 자부심, 고객에 대한 약속을 담고자 함이 가장 큰 이유다. 아직 우리는 대단한 결과물을 만든 회사가 아니라, 만들어 가는 과정에 있다. 아직 완성형은 아니지만 청년들은 반드시 세무업계의 독보적인 존재, 고객에게 최고의 편리함과 완벽한 세무 서비스를 제공하는 원탑의 회사가 될 것이다. 우리는 우리와 함께 백년지대계를 공유할 회사와 연결되고 싶다.

2
우리는 '청년들'입니다

'우리는 청년들입니다!'

우리는 이 문장을 모든 구성원이 함께 외친다. 매월 첫째 주 월요일이 되면 전 지점과 계열사가 오프라인과 온라인으로 월례 미팅을 하는데, 이때마다 한목소리로 마법의 주문을 외운다. 함께 외치는 말의 힘을 믿기 때문이다. 우리가 말로 뱉어내는 주문에는 세 가지 염원을 담고 있다.

첫째, 우리 스스로 뜨거워져야 한다는 의지의 표현이다.

둘째, 우리 마음이 고객에게 가 닿기를 바라는 마음이다.

셋째, 세무업계의 독보적 브랜드를 만들고자 하는 뜨거운 열망이다. 고객의 성장을 도와 청년들의 꿈을 이루겠다는 강력한 의지를 담은 메시지고 표현이다.

별것 아닌 것처럼 보이지만 이 의식행위는 청년들의 꿈을 이루는 데 중요한 역할을 할 것이다. 월례 미팅 때마다 이 문장의 의미에 대해서도 매번 되새긴다. 이 주문을 함께 외칠 수 없다면 우리 조직과는 함께 갈 수 없다. 여기서 말한 '함께 갈 수 없다.'라는 의미는 '빨리 본인에게 맞는 더 좋은 회사를 찾아가세요.'라는 강력한 메시지를 담고 있다.

청년들은 유연한 조직이지만, 어떤 면에서는 매우 단호한 조직이다. 일하는 여러 가지 면에서 별다른 원칙을 두고 있지 않지만, 유연성이 허용되지 않는 부분에 대해서는 명확하게 알려준다. 공동의장인 최정만과 이규상은 정확한 전달이 서로에게 시간과 에너지를 낭비하지 않은 길이라 여긴다. 다시 말해 이런 생각은 개인을 위해서도 회사를 위해서도 하루라도 빨리 알려주는 것이 좋다는 것이 청년들의 견해인 셈이다.

우리 같은 작은 조직이 큰 폭으로 성장하기 위해서는 마음을 하나로 뭉치는 것이 중요하다. 모래알처럼 뭉쳐 있는 1,000명의 조직은 한마음으로 똘똘 뭉쳐 있는 100명의 조직을 이기기가 어렵다. 반대로 한마음으로 뭉친 100명의 조직은 의미 없이 덩치 큰 조직보다 많은 것을 할 수 있다. 이건 단순한 합의 차원을 넘어선다. 세무업을 바라보는 자세가 다른 조직, 고객을 바라보는 자세가 다른 조직, 고객에게 제공하려는 가치가 다른 조직이 똘똘 뭉치면 무엇을 할 수 있을까?

우리가 고객에게 원하는 것은 이런 단순한 질문이다. 하지만 직원들을 하나로 모은다는 것이 말처럼 쉬운 일은 아니다. 아이러니하지만 큰 기업보다 규모가 작을수록 하나로 뭉치기 어렵다. 리더의 리더십도 대기업에 비해 중소기업이 몇 갑절이나 어렵다. 이유야 여러 가지가 있겠지만, 가장 먼저는 연봉 수준이 낮고 복지가 현저하게 떨어지는 현실 때문이다. 여전히 과정 중에 있지만 우리는 똘똘 뭉쳐 있다. 물론 우리도 하나로 뭉치는 것이 쉬웠던 것은 아니다. 지난 3년간 실패와 도전을 무한 반복해야 했다. 직원 면접을 볼 때마다 청년들의 꿈을 들려주었다. 채용한 이후에도 청년들의 꿈을 향해 달려가자고 말했다.

그럼에도 구성원들이 첫 마음을 잃어버리거나 매너리즘에 빠지면 또다시 이야기를 들려주었다. 그들 모두 '네!'라고 크게 대답은 했지만, 마음과 행동이 따로 노는 직원들은 하나둘씩 떠나갔다. 공들였던 직원이 퇴사하면 또다시 좋은 직원을 뽑기 위해 버둥거렸다. 그리고 다시 청년들의 꿈을 들려주었다. 우리는 이걸 무한 반복했다. 이런 루틴이 반복될 때마다 최정만과 이규상은 실망했고, 구성원들도 지쳐갔다. 하지만 그때마다 우리는 오뚝이처럼 다시 일어섰고 다시 중얼거렸다. 고맙게도 남은 구성원들은 다시 '파이팅!'을 외쳤다. 그래서 지금의 하나가 되었다.

'우리는 청년들입니다!'

우리는 이 평범한 문장을 '도전'이라고 해석한다.

"세무업의 선배들이 바보냐? 이 업계에도 날고 기는 사람들이 지천이다. 당신들도 알게 될 거다. 세무업에 도전자가 없었던 게 아니라, 다른 업과 환경이 달라서 못했다는 것을 알게 될 거야."

최정만과 이규상이 선배들에게 자주 들은 말이다. 이 둘은 이 말의 뜻을 '아, 아무도 하지 못했구나. 그러면 우리가 하면 되겠네.'라고 받아들였다. 아이러니하게도 이런 저주의 말이 이들에게 더 큰 욕망을 가지게 만든 것이다. "야, 안 된다니까!"라는 말을 '우리에겐 아주 좋은 기회다!'라고 해석했다. '이래서 세무업이 브랜드로 성장하지 못했구나.'

사실 매번 같은 이야기를 들려주고 실패와 도전을 반복하는 건 매우 지치는 일이다. 리더만 지치는 것이 아니라 구성원들도 함께 지친다. 그럼에도 우리가 도전하고 성장하고 다시 도전을 이어갈 수 있는 건, 넘어질 때마다 같은 목표를 가진 동지가 한 명, 두 명 늘어났기 때문이다. 그렇게 지금의 한마음이 되었다. 리더들은 구성원들의 이 믿음과 지지를 기억할 것이고, 구성원들은 그럴 때마다 "다시 한 번 해봅시다!"를 외쳐준 리더와 동료에게 믿음을 가진다.

청년들은 오늘도 이 구호를 외친다.

"우리는 청년들입니다!"

3
우리가 회사의 매출을 대신 올려드리겠습니다

청년들은 세무업에 대한 가치를 높게 평가한다. 왜냐하면 우리가 하는 일이 고객의 재산 증식이나 감소에 어떤 식으로든 영향을 끼치기 때문이다. 이런 생각은 우리의 정체성으로까지 이어진다. 일반적으로 세무법인이나 세무사와 하는 거래를 '기장 대행'이라고 표현한다. 이 말은 '소득자의 소득과 지출 장부를 작성해서 세금을 대신 신고해주는 역할을 하는 것'이라는 의미를 담고 있다.

MZ 세대는 알기도 어려울 것 같은 단어인 '대서방' 같은 느낌을 지울 수가 없다. 청년들은 이런 표현을 별로 좋아하지 않는다. 이 말 자체가 전문성을 떨어지게 만들고 우리와 고객, 고객과 우리의 연결성을 연약하게 만들기 때문이다. 기장대행이라는 말 대신 청년들이 자주 사용하는 말은 '세무 서비스'라는 말이다. 이 표현은 '기장을 넘어 고객의 경영을 돕는다.'라는 의미를 담고 있다.

  사업자들이나 자산가들이 세무사와 거래하는 것은 분명한 목적을 가지고 있다. 스스로 세금 신고를 챙기기에는 시간도 없고, 세금에 대한 지식이 부족해서 전문가에게 의뢰하는 것이다. 하지만 '기장 대행'이라는 용어에서부터 구조적 모순이 생긴다. 세무사는 계약한 대로 기장을(만) 잘하면 된다고 생각하고, 고객은 세무와 관련한 모든(거의 전부) 부분을 소화해야 한다고 여긴다. 여기서 기대의 차이, 괴리가 생겨난다. 고객이 원하는 거래는 애초에 가능한 일일까? 이 괴리 때문에 고객들은 세무사 사무실에 불만을 느끼고, 세무 대리인은 거래업체의 요구를 이해하지 못한다. 이 과정에서 서로 불만이 생기는데 서로 표현조차 하지 않는다.

  결국 문제는 돈인데, 웃기게도 고객과 세무사 사무실의 괴리를 만드는 것은 불과 몇 만 원 수준이다. 우스운 일이지만 사실이다. 고객은 요구하면 세무 비용이 올라갈 것 같아 말하지 않고, 세무사는 고작 몇 만 원을 올려달라고 하는 것이 껄끄러워 말하지 않는다. 결국 세무사는 무음 모드를 채택하는 대신, 받는 것 이상의 일은 하지 않는다. 결국 세무사 사무실과 사업자는 처음부터 소통에 장애를 가진 채 거래를 시작한다. 하지만 이 괴리는 서로의 필요를 좁히지 못하는 모순에 빠지게 만든다. 이런 불소통이 길어지면 다음 수순은 결별이다.

  만약 4년에서 5년마다 세무 거래처를 바꾸고 있다면 이 구간에

속할 가능성이 높다. 문제를 해결하지 않은 채 결별을 반복하거나, 소통의 문제를 해결하지 않은 상태로 헤어짐을 반복하면 더 좋은 파트너를 만날 수 있을까? 소통을 '혹' 다는 일로 생각하는 것은 양쪽 모두에게 이익이 전혀 없는 일이다. 둘 다 상생하는 방법은 서로 소통을 잘하는 것이다. 여기에 해답이 있다. 우리는 이 지점에서 혁신의 답을 찾는다.

단순하게 생각해 볼 필요가 있다. 월 기장료를 10만 원이라고 가정해 보자. 밥벌이를 위해 세무사는 몇 개 회사의 기장을 해야 할까? 적어도 100개 정도는 되어야 하지 않을까? 그것도 직원 단 한 명도 없이 말이다. 애초에 이건 가능한 일일까? 아무리 실력이 차고 넘치는 세무사도 혼자서 100개 이상의 거래처를 관리하면서, 제대로 된 소통을 한다는 것 자체가 난센스다. 거기에 더해 세무와 관련된 그 많은 변수를 모두 처리한다는 건 애초부터 불가능한 일이다. 처리가 아니라 들여다보는 것조차 어렵다. 말로야 얼마든지 가능하다고 할 수 있지만, 현실적으로 불가능에 가깝다(실제로는 기장료 말고 세무조정 등의 추가 수입이 생기기 때문에, 직원을 두고 운영하는 것이 가능하다).

고객과 세무업체 사이에 이렇게 괴리가 생기는 건, 세무업이 가진 보편적 시스템 때문이다. 그리고 세무업과 고객과의 습관적 관행이 오해를 만든다. 이런 문화나 시스템을 바꾸지 않으면 이 괴리는 해소하기 어렵다. 이 부분은 생각해 볼 필요가 있다. 고객 입장에서는 '어떻게 하면 세무사나 세무법인이 일을 제대로 하게 할 수 있을까?', 이 고민을 해야 한다. 이 생각이 왜 중요하냐면, 내 수입과 손실의 원천에 영향을 미치기 때문이다. 거기에 더해 어떤 것은 단기, 어떤 것은 중기, 어떤 것은 장기적으로 영향을 끼친다.

세무법인청년들이 변화, 개선, 혁신, 혁명, 창조 등의 단어적 명목으로 기존의 시스템을 탈피하려는 것은 '고객과 세무법인 간 소통의 괴리'를 없애기 위해서다. 이 빈틈을 메우지 못하면 세무업과 고객의 세무 서비스는 농경사회 수준을 벗어날 수 없다. 책의 뒷부분에서 이야기하겠지만, 청년들이 '블루홀'의 개발에 2년 동안 매달리고, 우리가 감당할 수 있는 수준을 넘어선 비용을 투자한 것은 오직 고객과의 '소통의 괴리'를 줄이기 위해서다. 블루홀이 세상을 바꿀 수는 없지만, 적어도 세무업을 바꿀 것이라 믿는다.

"우리가 대표님 회사의 매출을 대신 올려드리겠습니다."

우리가 가끔 고객사 대표들에게 하는 표현이다. 일종의 설레발이다. 청년들이 종종 이런 표현을 사용하는 것은 우리의 일이 '고객의 매출을 올려주는 일'이라고 생각하기 때문이다. 비유의 말이 아니고 실제가 그렇다. 매년 달라지기는 하지만, 중소기업의 영업이익률이 5%가 채 되지 않는다는 통계를 흔하게 접할 수 있다. 상장사의 2023년 상반기 결산실적에 따르면 영업이익률이 3.82%다. 1,000원어치 제품을 팔았다고 가정하면 원가, 인건비 등 판매관리

비를 제외하고 38.2원을 번 셈이다.

절대값은 아니라 해도 기업이 물건을 팔아 돈을 남기는 일이 얼마나 어려운 일인가? 고객이 1,000만 원의 영업이익을 내기 위해서는 얼마의 매출을 올려야 할까? 적어도 2억 6천만 원 이상의 매출이 필요하다. 조금 더 사이즈를 올려 2,000만 원의 이익을 내려면, 5억 2천만 원 이상의 매출이 필요하다는 결론에 다다르게 된다. 만약 우리가 세금 1,000만 원을 절세할 수 있다면 매출 2억 6천만 원을 올려주는 일이 아닐까. 만약 세금으로 할 수 없다면, 고객사에 적합한 정책자금 2,000만 원을 지원받게 해준다면, 5억 2천만 원의 매출을 올려주는 일이 아닐까?

청년들은 우리가 하는 일이 이렇게 가치 있는 일이라 여긴다. 우리가 이런 비유를 가정하는 것은, 스스로에게 고객사를 돕는 가장 확실한 동기부여가 되기 때문이다. 그런데 우리 생각은 설레발일까? 이 부분은 생각해 볼 일이다. 당신이 모든 비용을 제외하고 1,000만 원을 벌기 위해서는 얼마의 매출을 올려야 하는지? 2,000만 원을 벌기 위해서는 얼마의 매출을 올려야 할지? 이 부분에 대해서 정확하게 바라볼 시각만 가지면 된다.

고객이 우리를 가치를 인정해준다면 우리는 고객사의 매출을 어떻게 올릴 것인지, 올려줄 방법은 없는 것인지를 찾고 또 찾을 것이다. 고객들이 세무업을 대단하게 생각하지 않는 것은 세무업의 근간이 이미 정해진 세율이나 고시된 세율에 의해서 움직인다고 여기는 데서 기인한다. 신기하게도 고객 중 꽤 많은 부류는 세무업을 이렇게 재단한다. 심지어는 어디에 일을 맡기거나 누구에게 일을 맡겨도 별 차이가 없을 거라고 여긴다. 하지만 실력 있는 집단과 아닌 집단의 차이는 어느 영역에나 존재한다. 특히 세무업이 그렇다. 고만고만한 실력을 가진 곳이라면 비슷하겠지만, 기본을 넘어선 영역에서는 분명한 차이가 존재한다. 대부분 이런 영역은 진짜 돈이 되는 영역이다.

세법만 아는 세무사, 세법과 상법을 아우르는 세무사, 여기에 더해 회계 원리나 세무조사 트랜드까지 이해하는 세무사의 업무능력이 같을 수 없다. 만약 차이가 없다면 그것이 더 이상한 일 아닐까? 실력 있는 집단과 아닌 집단의 차이가 벌어지는 건 당연한 이치다.

같은 매출을 올려도 어떤 회사는 세금을 더 많이 내고, 어떤 회사는 세금을 더 적게 낸다. 어떤 회사는 정부가 주는 혜택을 더 누리고, 어떤 회사는 혜택을 누리지 못한다. 또 어떤 회사는 세금을 적게 냈다고 생각했는데, 5년쯤 되어 세무조사를 받고 가산세까지 물어낸다. 그리고 또 어떤 회사는 세금을 많이 냈다고 생각했는데, 결과적으로 매우 적은 세금을 냈다는 것을 알게 되기도 한다. 세무업의 실력은 이런 디테일에서 벌어진다. 세무사나 고객이나 세금을 줄이기 위해서는 더 많은 생각의 확장이 필요하다.

다음은 육가공 사업을 크게 했던 양 대표의 이야기다.

양 대표는 사업을 통해 꽤 많은 돈을 벌어들였다. 친구 김 부장을 만날 때마다 한우도 사고, 참치도 사고, 귀한 술도 샀다. 그 외에도 많은 여러 맛있는 음식을 사주었다. 돈은 많이 벌지만, 세금을 많이 내지 않는다는 생각 때문이었다. 이 모든 과정에는 실력 있는 세무사의 조력이 있다고 입버릇처럼 말했다. 양 대표는 법인을 가지고 있지만, 개인사업자도 가지고 있었고, 이런저런 방법으로 개업과 폐업을 병행했다. 사업의 오랜 경험을 통해 여러 절세의 기술을 아는 사람이기도 했다. 그러던 양 대표는 몇 년쯤 지나, 친구 앞에서 한숨을 쉬었다. 조금 쉬려고 회사를 정리하는데, 감당하기 힘들 정도로 많은 세금이 추징되었다는 것이다.

양 대표가 조력자로 여기는 세무사는 "여태껏 세금을 많이 줄였으니 이 정도는 어쩔 수 없이 내야 합니다."라는 말을 들려주었다고 한다. 이건 절세였을까? 아니면 세금의 이연 효과 내지는 세금의 복리 효과였을까? 국세청은 바보가 아니다. 이상이 감지된다고 무조건 세무조사를 하는 것은 아니지만, 티끌 모아 큰돈이 되면 여지없이 세무조사를 나온다. 돈이 된다면 제척기간을 넘기기 전에 반드시 문제를 짚고 넘어간다.

나라에 세수가 부족할 때는 기업의 회계를 현미경처럼 들여다본다. 예전에는 문제를 찾으려는 사람이 직접 찾아야 했지만, 이제는 사람이 아닌 시스템이 그 일을 한다. 이 말은 세금과 관련해서 기업에서 벌어지는 거의 모든 것을 국세청이 알고 있다는 의미다. 문제 있는 세금은 나중에 꼭 발목을 잡는다. 세금은 줄이는 것도 중요하지만, 잘 내는 것은 더 중요하다. 어떤 것을 더 내고 어떤 것을 줄여야 할지 등 생각해야 할 것이 많다. 결국 이런 복잡한 세금을 관리하기 위해서는 세무업체가 해당 기업에서 벌어진 일을 쉽게 볼 수 있어야 한다.

하지만 이런 시스템을 갖춘 곳은 거의 없다. 이 어려운 작업을 청년들이 도전하고 있다. 만약 세금에 관련된 중요한 내용이 한 개인의 머릿속에 저장되어 있다면, 나중에 세무조사를 나오거나 세금 추징이 되면 효과적인 대응이 불가능해진다. 천재는 시스템의 기억을 이길 수 없지만, 시스템은 천재의 기억을 이긴다.

잘못 계산되거나 잠시 감춘 세금은 추징으로 되돌아오지만, 한번 올린 매출은 쉽게 사라지지 않는다. 우리가 고객사의 매출을 올리겠다는 생각을 다짐하는 것은 우리의 일이 그만큼 고객에게 큰 영향을 준다는 것을 알기 때문이다.

4
누구나 원하지만,
아무도 원하지 않는

"세무업은 농업보다 더 발전하지 못했어요."

최정만이 자주 들려주는 말이다. 최정만은 업을 이렇게 표현하지만, 이렇게 표현해야 하는 상황이 매우 싫다고 말한다.
세무사들에게 세무업이 발전하기를 바라냐고 물어보면 열이면 열 그렇다고 대답한다. 하지만 변화를 위해 무언가를 하는 것은 아무도 하지 않는다. 하려고 하는 사람은 많지만, 하지를 않는다는 것이 더 정확한 표현이다. 어떤 사람은 세무업의 진화가 불가능하다고 말하기도 한다. 이렇게 말하는 사람은 다른 누구도 이런 변화에 성공해서는 안 된다고 생각하는 것 같다. 이런 생각은 세무업을 하향평준화시키는 참 무서운 말이다.

청년들이 혁신, 혁명보다 집중하는 단어는 앞에서 말한 '재미'다. 재미가 있어야 혁신이나 혁명도 가능하다. 무엇보다 지치지 않는 힘을 가지게 된다. 마음이 동하지 않는 혁명은 역사적으로도 없었다. 성공의 문제가 아니라 혁명 자체도 일어나지 않는다는 말이다.

우리가 세무업에서 재미를 탐하는 건, 오직 고객 때문이다. 청년들은 고객사의 세금을 줄이거나 성장을 돕는 것이 가장 재미있다. 이 재미가 청년들의 마음을 원초적으로 건드린다. 청년들의 정체성이 일의 재미인 셈이다. 이런 말은 누구나 할 수 있지만, 마음이 있다고 해서 누구나 행동으로 옮길 수 없다. 그래서 매력이 있다. 누구나 할 수 있었다면 우리는 또 다른 재미를 찾았을 것이다.

어떤 사람은 '고객의 성장을 돕는 것', 이런 표현을 두고 '그건 너무 당연한 말 아닌가?'라고 반문한다. 진짜 당연한 걸까? 만약 이런 것을 당연하게 여기는 고객이라면, 꼭 말해주고 싶다. 이런 선한 기본기가 장착된 거래처를 만났다면 묻지도 따지지도 않고 붙잡아야 한다. 만약 이런 태도로 일하는 세무법인을 경험하게 된다면, 그런 곳과는 종신 계약이라도 권하고 싶다. 그리고 그런 곳이라면 기장 계약료 몇 푼 깎으려고 애쓰지 말고 기장료 몇 만 원을 더 올려주려고 애쓰기를 바란다. 그들은 당신들의 진짜 파트너가 되어 몇 만 원이 아니라 훨씬 큰돈을 벌어주거나 아껴줄 것이기 때문이다.

이렇게 말하는 이유는 아주 단순하다. 두 고객이 있다. 한 고객은 기장료 2~3만 원을 깎지 못하면 지구가 멸망할 것처럼 힘들게 한다. 다른 한 고객은 비용을 더 지불해도 괜찮으니, 일만 제대로 해 달라고 한다. 이 두 고객 중, 어떤 고객에게 에너지를 쏟게 될까? 당신이라면 어떤 거래처에게 신경을 쓰게 될까? 이런 일을 바라볼 때는 '인지상정'이라는 사자성어를 곱씹어 볼 필요가 있다.

청년들은 공부를 무척 많이 하는 조직이다. 세금의 허와 실, 합법과 불법의 경계, 개인사업자와 법인전환의 이익과 손해, 세법에 영향을 주는 상법과 민법, 주주총회의 기본, 이사회 관련 법령 및 판례, 세무조사 트랜드, 상속증여 등을 다양하게 공부한다. 또한 독서경영을 통해 책을 읽고 생각을 나눈다. 그리고 이런 공부보다 먼저 좋은 태도를 입히기 위해 주기적으로 교육한다. 이런 모든 행위는 우리의 노력이 고객에게 가 닿기를 바라는 마음에서 시작이 되었다.

당연한 말이지만, 우리는 공부하는 조직과 공부하지 않는 조직의 능력이 같을 수 없다고 본다. 이런 배움의 루틴을 돌리기 위해서는 적지 않은 비용과 노력이 수반된다. 고객에 대한 서비스의 질을 높이기 위해서는 필수의 행동들이지만 많은 곳은 이런 일을 할 생각이 없고, 하기도 어렵다. 돈으로만 할 수 있는 것이 아니기에 그렇다. 적어도 세무업을 아는 사람이라면 이것이 얼마나 어려운 일인지 알 것이다.

우리는 세금의 전반을 다루는 사람들이다. 창업부터 성장 또는 폐업, 거래처 세금의 탄생부터 소멸까지 세금의 전 주기를 다룬다. 개인사업자에서 법인전환, 창업부터 상속증여까지 세금의 탄생부터 소멸까지 다루어야 한다. 다루는 세금의 전반을 공부해야 하는 건, 알지 못하면 고객에게 이익을 줄 수 없기 때문이다. 우리는 세금 문제가 경영만큼 중요한 일이라 여긴다. 알지 못해도 손해를 끼칠 수 있지만, 제대로 모르면 제대로 손해를 끼칠 수 있기 때문이다.

사실 외면으로만 보면 세금 신고를 하는 건 그리 어려운 작업이 아니다. 사업소득 신고, 원천세 신고, 부가세 신고, 법인세 신고, 기타 등등, 심지어는 상속증여 신고조차도 어렵지 않다. 연말이 되면 당연히 해야 하는 재무제표 작성, 세무조정도 그렇다. 세무업은 쉽게 보면 한 없이 가볍게 바라볼 수 있다. 어지간한 것들은 시즌이 돼서 입력하는 방법만 배워도 충분히 할 수 있는 것들이다. 세무 서비스가 진짜 이렇게 쉬운 일일까? 눈에 보이는 것만 가지고 하는 건 앞에서 말한 내용이 전부다. 어려울 일이 없다. 그래서 일을 해도 초보와 프로가 한 일이 차이가 없어 보인다. 그러나 세금은 여러 경계선상에서 서로 촘촘히 연결되어 있다. 이 연결의 경계를 많이 알면 알수록 세금에서 발생하는 손해를 줄일 수 있다. 많이 알면 알수록 실수가 적다.

하지만 이 경계를 몰라도 기장 업무와 신고 업무를 하는 것은 별로 어렵지 않다. 그래서 많은 부류는 공부를 하지 않는다. 심지어 숙련도를 전문성이라고 여기는 사람도 있다. 공부하는 사람은 더 많은 것을 아낄 수 있고, 더 많은 이익을 줄 수 있다. 우리의 궁극은 직원 전체를 전문가로 만드는 것이다. 장기적으로 직원의 경력이나 실력에 따라 서비스 가격에도 차등을 줄 계획을 가지고 있다. 고객으로 하여금 선택의 폭을 넓혀 주려는 것이다. 다시 말해 청년들은 세무업 컨설팅 펌으로 가고자 하는 목표를 가지고 있다. 이것은 직원 개인을 발전시키고, 고객을 돕게 만들고, 결과적으로 고객사의 성장을 돕게 되는 것, 이것들을 결합시켜 성공의 선순환을 이루고자 함이다.

"세상에 모든 혜택은 아는 사람만 누리지만, 모든 손해는 몰라도 알아서 찾아온다."라는 말이 있는데, 사회제도 대부분은 이런 식으로 설계되어 있다. 알면 누리고, 모르면 누릴 수 없다. 잘 모르는 사람들은 자신이 혜택을 누리지 못하는지조차 모른다. 세상에 공짜는 없다. 이건 사람 관계에도 적용되지만, 실력에도 그대로 적용된다. 공부하는 사람의 실력이 늘지 않을 수 없고, 공부하지 않는 사람의 실력이 늘 수 없다는 것과도 같은 말이다. 어느 날 갑자기 반짝하고 초능력이 생기지 않는다면.

누구나 원한다고 말하지만, 누구도 원하지 않는 일, 나는 청년들이 하는 일이 이런 일이라고 생각한다. 청년들의 재미는 이 부분이다. 일단 나는 청년들의 성장을 돕는 것이 재미있다. 공동의장인 최정만과 이규상을 돕는 것이 재미있다. 결국 내가 재미를 느끼는 부분도 고객과 연결성을 가지고 있다. 청년들이 하는 것 중 어떤 것도, 고객을 향하지 않은 것은 없다. 이런다고 모든 고객이 우리에게 박수를 쳐 주는 것은 아니겠지만, 박수를 쳐 주는 고객은 있다. 우리가 더 잘하려고 노력하는 이유다.

5
송금 수수료 무료화, 조심해 사기야!

"조심해, 그거 사기야!"

토스의 송금 서비스가 세상에 나왔을 때 내 주변 사람들의 반응이 이랬다. 그리고 이런 반응은 흔했다. 그도 그럴 것이 은행이 아닌데, 토스는 은행이 아닌데 송금 서비스를 메인 서비스로 들고 나왔다. 토스의 도전은 시작부터 이상했다. 이 표현의 의미는 '전혀 말이 안 된다.'라는 의미다. 공인인증서 하나 가지고 전생에 나라 팔아먹은 사람 괴롭히듯 하던 은행의 인증 시스템이 아니었던가. 그런데 토스는 전화번호만 인증하면 즉시 송금이 가능하다고 주장했다.

게다가 무료 송금 서비스라니, 가당키나 한 말인가. 정작 고객이 돈을 맡기겠다고 통장을 만드는 것도 유료화해 버린 은행이, 아주

가벼운 서비스조차 무료에서 유료화를 진행하는 은행은 바보란 말인가? 고작 토스 같은 스타트업 따위가 '무료 송금 서비스'를 한다니, 이 중 어디에 고객이 당할 포인트가 있을까? 특히 토스가 가장 먼저 들고 나왔던 'P2P 투자'에서 이미 손해를 경험한 나에겐 의심의 여지가 없었다.

"'이런 것이 현실적으로 가능할까?'라는 질문 하나면 끝이다. 야, 상식적으로 이런 서비스가 가능하겠어? 은행에서 무료 송금 서비스 하는 거 본 적 있어?, 은행에서도 하지 못하는 무료 송금 서비스를 한다는 것이 현실적으로 가능하겠냐? 사물이나 어떤 현상과 거기에 더해 사람까지, 세상을 바라볼 때는 조금 상식적으로 보는 눈이 필요해. 설령 이게 진짜라고 가정해 보자. 그러면 토스라는 회사가 전 국민을 상대로 송금을 무료화 선언한 것인데, 이게 한두 푼으로 가능하겠어? '토스?'라는 회사, 들어본 적은 있어? 야, 토스가 아니라 삼성 이재용 회장이 나서도 불가능해. 설령 가능하다고 해도 네가 삼성 회장이라면 하기는 하겠어? 너도 참 순진하다."

"나도 무료 송금 한번 해 볼까?"라는 질문을 했을 때, 선배가 들려준 말이다. 선배는 마치 토스의 무료 송금 서비스가 진실이면 지구가 망할 것처럼 광분하면서 나를 나무랐다. 그럴 리야 없겠지만, 만약 사기가 아니더라도 뭔가 다른 목적이 있을 거라고 했다. 결국 손해를 끼칠 거라면서 '한 번의 송금이 패가망신을 부른다.'라는 명언을 자작해서 들려주기도 했다. 결국 나도 토스의 극초기 무료 송금 서비스를 믿지 않았다.

   토스의 처음 사업 모델인 P2P 서비스에 대한 손해 경험이 이 생각을 더 강화했다. 하지만 토스는 듣도 보도 못한 일을 해냈다. 거의 모든 금융 서비스를 공룡처럼 흡수해 버렸고 여전히 진행 중이다. 토스의 도전은 초식공룡처럼 변하지 않던 기존 금융업의 생태계까지 영향을 끼쳤고 여전히 끼치고 있다. 토스에서 내놓은 서비스들은 일단 편하다. 뭔가 대단한 것들을 하는 것이 아니라, 기존에 있었던 서비스에서 불편했던 것들을 찾아 편하게 만들고 있다. 그냥 편한 것이 아니고 편해도 너무 편하다. 거의 모든 서비스는 한 번의 가벼운 인증이면 끝이다. 무서운 건 확장되는 모든 서비스가 이런 식이라는 사실이다. 마치 지금은 금융권에서 벌어지는 서비스를 토스가 가볍게 만들어 놓으면 기존의 금융권들이 따라하는 방식처럼 느껴진다.

토스가 할 수 있는 일을 왜 은행들은 하지 못했을까?
토스가 할 수 있는 일을 왜 보험회사들은 하지 못했을까?
토스가 할 수 있는 일을 왜 국가의 금융정책 관련 부서는 하지 못했을까?

내 책 《하버드대학 토론수업》에서 언급한 델 컴퓨터의 성공 사례는 케이스 스터디의 단골 사례로 등장한다. 그 당시 델 컴퓨터의 경쟁력은 무엇이었는지, 시장의 진입 과정에서 어떤 전략을 이용했는지 등을 가지고 배움을 얻는 것이다. 당시에 'DELL'의 등장은 허리케인이었다. 모두에게 듣보잡 회사였는데, 등장하자마자 한순간에 시장의 판도를 바꿔버렸다.

소비자가 웹상에서 원하는 사양을 직접 선택하면 그렇게 만들어서 직접 배달하는 방식으로 성공한 회사가 바로 델 컴퓨터사다. 델의 이런 방법은 시장의 판도와 기업의 여러 상황을 바꿔버렸다. 판매 방식을 바꿈으로 유통구조를 변화시켰고, 판매부서가 불필요해짐으로 인해 조직구조가 달라졌고, 판매비 절감으로 인해 비용이 절감되면서 회사의 이익에까지 지대한 영향을 미쳤다.

반면 당시 시장을 장악하고 있던 컴팩이나 IBM 등 경쟁사는 이 방법을 따라 할 수조차 없었다. 그냥 속수무책으로 무너져 버렸다. 제대로 손도 대지 못하고 무너져 내린 것은 기존의 유통구조를 바꿀 수 없었기 때문이다. 컴팩이나 IBM의 판매는 유통업자와 소매업자를 통한 판매구조였기 때문이다. 굳이 유통업자의 반발이 아니더라도 기존에 가진 시스템을 바꾸기란 쉬운 일이 아니다. 결국 델의 성공은 기존 조직의 변화나 혁신을 통해서가 아니라, 없었던 것을 새롭게 만들었기에 가능했던 것이다.

나는 은행이나 기존의 금융 기득권이 하지 못한 일을 토스가 해낸 것은 이 사례와 닮은 부분이 있다고 생각한다. 토스가 만들어 낸 서비스를 자세히 들여다보면 대단한 것들이 보이지 않는다. 하지만 그들이 해낸 일은 정말 대단하고 특별하다. 그들은 세상에 없는 서비스를 찾으려고 발버둥 친 것이 아니라 '고객의 불편함'이라는 금융권 문제 중 하나의 본질에 집중한 것이다. 사소하지만 중요한 부분을 해결했고, 소비자들이 오랫동안 가장 불편해하던 일을 해결했다.

결과만 가지고 보면 대단한 혁신이 아니라고 볼 수 있지만, 세상에 없던 금융 서비스의 편리함을 만들었고 정말 대단한 일을 한 것이 토스의 서비스인 것이다. 기존의 금융업이 토스의 서비스를 범접할 수 없는 것은 앞의 사례에서 언급한 컴팩이나 IBM 사례와 비슷하다고 할 수 있다. 세상에 모든 경제는 큰 기업들이 거의 다 장악한 것 같지만, 늘 새로운 기회가 있는 것은 이런 모순 때문이다.

세상에는 이런 종류의 불편함이 얼마나 많이 존재할까?

세무업에도 이런 종류의 불편함이 매우 많다. 청년들은 세무업에서 해결해야 할 이런 불편함을 방관한 채 넘어가지 않는다. 우리가 직접 이 문제를 해결할 것이다. 우리가 하려는 건 세상에 없던 빅뱅을 만들어 내는 것이 아니다. 우리에겐 그런 대단한 능력이 있지도 않다. 그저 세무업이 생긴 이래로 별로 달라지지 않는 세무업의 불편함, 농경사회보다 발전이 없는 세무업의 서비스 시스템, 고객에게 전달되지 않는 마음, 세무업과 고객 사이의 괴리를 해결하려는 것이다.

우리가 집중하는 것은 '고객의 불편함'이다. 이 문제는 고객을 넘어 세무업의 직원들에게도 영향을 끼친다. 즉, 이 문제를 해결하지 못하면 세무업의 고객이나 직원들은 미치거나 이상해질 것이다. 우리는 이것이 매우 특별한 일이라고 생각한다. 'DELL'이 기라성 같은 컴팩이나 IBM을 밀어내고 컴퓨터 시장의 판도를 바꾼 것, 토스가 금융권의 허리케인이 되어 금융 서비스의 판도를 바꾼 것처럼, 우리도 이 일을 해낼 것이다.

청년들의 세무업에 대한 도전을 토스에 비교하는 것은 무리가 있을까? 'YES'도 정답이고, 'NO'도 정답이다. 당신의 생각이 정답이다. 하지만 확실한 건 우리는 기존 세무업의 불편함, 불편함이 생겼던 원인을 근본적으로 바꾸고 있다는 사실이다. 우리가 만들 미래, 우리도 궁금하다. 우리는 혁신도 혁명도 아닌 고객에게 전할 재미를 찾아가고 있다. 그리고 청년들은 이 일에 재미를 느낀다.

6
100일 동안
33권의 책을 읽는 조직

'한 달에 책 100권을 읽을 수 있을까?'

공동의장 이규상이 독서 모임 단톡방에 뜬금없는 게시물을 올렸다. 그리곤 투표를 요청했다. 한 마디로 뜬금포를 날렸다. 이 공간은 청년들 내부에서도 책 읽기를 좋아하는 사람들 14명이 모여 생각을 나누는 곳이다. 리더그룹과 실장, 팀장, 예비 팀장, 팀원까지 다양한 직급이 모여 있는 공간이다. 이 중 11명이 투표에 참여했고, 할 수 있다는 선택을 2명이 했다. 9명은 '할 수 없다'를 선택했고 3명은 의견을 표시하지 않았다. 다시 말해 기권인 셈이다. 그리고 댓글 몇 개가 달렸다.

앤디 : 100장은 읽을 수 있다.

마린 : 백수면 가능할지도…

앤 : '100권을 무조건 읽자!'라고 하면 권당 한 장씩 읽으면 된다~라고 생각하면 읽을 수 있을 것 같은데…
제가 그렇게 안 할 것 같아서…

이때 최정만도 의견을 달았다.

'언제부터인가 책을 읽었다고 하는 것의 정의를 바꾸었다.
보통 책을 읽는다고 할 때, 처음부터 끝까지 읽는 것을 가지고 책을 읽었다고 했는데.
요즘은 제목과 목차 그리고 서문 정도만 읽고 책을 읽었다고 정의하고 있음.
반대로 처음부터 끝까지 책을 읽고 아무런 생각을 하지 않았다고 한다면, 그것 또한 책을 읽었다고 말할 수 없는 것임~'

이규상은 '100억을 주면 한 달에 100권을 읽을 수 있을까?'라는 제목으로 다시 투표 게시판을 열었다. 이 투표에는 10명이 참여했고 9명이 '할 수 있다'라고 남겼다. 나머지 1명은 '할 수 없다'에 소중한 한 표를 행사했다. 이런 코너 몰이식 투표는 같은 행동으로도 조건을 달리하면 결과가 달라질 수 있다. 하지만 이규상이 의도한 것은 매우 단순하다. '우리 변명하지 말고 일단 한번 읽어봅시다!'라는 단순한 의지의 표출이다. 이규상은 한 권의 책을 읽으면 개인이 얻을 가치가 1천만 원 이상이라는 믿음을 가지고 있다.

책은 개인에게도 지적 자산을 만들어주지만, 조직의 유무형의 자산이 될 거라는 신념을 가진 것이다. 이규상은 결국 '100일 동안 33권 책 읽기' 프로젝트를 밀어붙였다. 그리고 미션을 완료하면 개인 사비로 '100만 원의 상금'을 주겠다고 이벤트까지 내걸었다. 결국 책 읽기 프로젝트에 참여하겠다는 사람은 18명으로 늘었다. 이런 사소한 이벤트는 언제고 실패할 수 있지만, 성공한다면 할 수 없다고 생각하는 걸 할 수 있다고 믿게 만드는 마력이 있다. 이건 일반적 동기부여를 뛰어넘는다.

이건 청년들 조직에서 벌어지는 일 중 작은 사건일 뿐이다. 청년들의 의장인 이규상과 최정만은 독서경영에 대해서 같은 의지를 가지고 있다. 늘 같은 사인을 보내고 함께 사인을 보낸다. 틈날 때마다 의지를 피력하고 있는데, 매우 지속적이다. 눈치가 없는 사람도 쉽게 알아차릴 만큼이다. 하지만 경영자가 주는 사인이라고 인식하지 못하는 사람도 있다. 미안하지만 그 정도의 무딘 해석 능력으로는 청년들에서 버티기 어렵다. 어느 공간이든 하고 싶어도 하지 말아야 하는 일이 있고, 하기 싫어도 해야 하는 일이 있다. 경영자가 이 정도로 밀어붙여도 알아차리지 못한다거나 외면한다면, 이건 직장생활에 대한 문해력 부족으로 보아야 한다. 청년들은 독서경영을 하는 조직이다.

이 말을 좀 더 쉽게 해석하면 '책을 읽지 않는 구성원은 버틸 수 없다.'라는 뜻이다. 최정만과 이규상은 크게 강요하지는 않지만, 읽지 않는 사람은 스스로 도태될 것이라는 여긴다. 직원 중에 독서경영에 대해 불만을 가진 사람도 있는 것을 알지만, 이 영역은 타협의 대상이 아니다. 우리가 독서를 중요하게 여기는 건, 생각하는 능력을 키우기 위해서다. 이 능력이 고객에 대한 서비스에까지 영향을 끼칠 것이기 때문이다.

이규상과 최정만이 독서를 강하게 주장했을 때, "꼭 이렇게까지 해야 하나요? 나는 책이 너무 싫은데…"라는 직원도 있었다. 일부 직원들의 저항은 만만치 않았고 독서 문제로 회사를 떠나는 직원도 있었다. 청년들 본점 실장 마린도 "리더가 읽으라고 하니까 억지로 읽었다."라고 첫 독서를 회상한다. 하지만 이것은 차츰 습관으로 스며들었고, 지금은 책에서 얻는 지혜가 많다는 것을 깊게 느낀다고 말한다. 더 나아가 마린은 책 읽기를 싫어하는 직원들에게 독서의 이로움을 알리는 전도사가 되었다. 그리고 책 읽기를 시작하고 나서 삶을 대하는 자세가 달라졌다고 스스럼없이 이야기한다.

이 책을 읽는 사람 중에는 '독서경영이 그렇게까지 어려울 일인가?'라고 생각하는 사람도 있을 수 있다. 하지만 세무업에서 독서경영은 일반적인 문화가 아니다. 세무업의 근간은 내 할 일을 하고 내가 한 만큼 버는 것, 이것이 가장 대중적인 문화다. 그래서 색다른 것을 시키면 극도로 싫어한다. 솔직히 말하면 싫어한다기보다는 시켜도 따르지 않는다. 직원들이 해야 하는 업무영역이 명확하게 존재하기 때문이다. 이건 세무업의 강점이면서 가장 큰 단점이다. 세무사 사무실의 직원들은 거래처가 따로 존재하고 인센티브 제도로 운영되는 경우가 일반적이어서, 대표 세무사가 거래처가 많은 직원을 건드리기도 힘든 구조다.

그들이 퇴사하면 수익도 그만큼 줄어드는 구조가 되기도 한다. 세무업이 가진 맹점이다. 같은 이유로 오너 세무사의 경영 스타일을 강하게 주장하기 어렵다. 세무사 사무실에는 나이 지긋한 세무사가 있고, 대외적인 일을 모두 처리하는 사무장이 있고, 기장을 하는 직원들이 있는 형태는 세무업계가 오래도록 이어오고 있는 방법이다. 많이 달라지고 있다고는 하나 여전히 파티션으로 벽 만드는 것을 선호하고, 개인의 영역을 구분하는 것이 편안해하는 문화가 있다.

이런 형태를 바꾸고자 하는 사람들, 다시 말해 도전자가 없는 것은 아니지만 '나이 먹은 세무사'가 '나이 젊은 세무사'로 바뀌었을 뿐, 사무실의 인테리어와 사무실 직원들의 나이를 제외하면 여러 부분에서 예전의 형태를 유지하고 있다. '고수하고 있다.'가 아닌 '유지하고 있다.'라고 쓴 이유는 바꾸고자 하지만, 쉽게 바뀌지 않기 때문에 달라지기를 포기한 경우가 많다는 의미다.

우리가 독서경영에 사활을 거는 이유는 단순하다. 기존 세무업의 한계를 탈피하는 데 이보다 더 좋은 방법이 없어서다. 더 솔직하게 말하면 '생각의 확장' 말고는 다른 방법이 없다고 여긴다. 그래서 우리는 책을 읽는다. 그리고 구성원들에게 책 읽기를 요구한다.

청년들, 100일의 33권 독서 리스트

1. 《1만권 독서법》 인나미 아쓰시 | 위즈덤하우스
2. 《청소력》 마스다 미츠히로 | 나무한그루
3. 《세종처럼》 박현모 | 미다스북스
4. 《타이탄의 도구들》 팀 페리스 | 토네이도
5. 《일의 격》 신수정 | 턴어라운드
6. 《돈버는 절대회계》 박경민 | 경이로움
7. 《하버드대학 토론수업》 명대성 | 팬덤북스
8. 《보이게 일하라》 김성호 | 쌤앤파커스
9. 《아침형인간》 사이쇼 히로시 | 한스미디어
10. 《아주 작은 습관의 힘》 제임스 클리어 | 비즈니스북스
11. 《이제 시작해도 괜찮아》 정회일 | 차이정원
12. 《백만장자 시크릿 : 부를 끌어당기는 17가지 매뉴얼》 하브 에커 | 알에이치코리아
13. 《관계 우선의 법칙》 빌 비숍 | 애플씨드북스

14. 《무인 양품은 90%가 구조다》 마쓰이 타다미쓰 | 모멘텀

15. 《누가 내 치즈를 옮겼을까?》 스펜서 존슨 | 진명출판사

16. 《더 바이브》 이하영 | 미다스북스

17. 《아메바 경영》 이나모리 가즈오 | 한국경제신문사

18. 《원피스식, 세계 최강의 팀을 만드는 힘》 야스다 유키 | 에이지21

19. 《하루 15분 정리의 힘》 윤선현 | 위즈덤하우스

20. 《인간관계론》 데일카네기 | 현대지성

21. 《내일부터 팀장으로 출근합니다》 명대성 | 팬덤북스

22. 《슈독 : 나이키 창업자 필 나이트 자서전》 필 나이트 | 사회평론

23. 《나를 향해 걷는 열 걸음》 최진석 | 열림원

24.

25.

26.

27.

28.

29.

30.

31.

32.

33.

※ 24~33은 자율로 하되, 지혜를 공유할 것!

이 미션에서 가장 빨리 목표를 달성한 사람은 본점의 실장인 '마린'이다. 하위 참여자를 모두 포함하여 평균 19권의 책을 읽었다.

7
After 10, '청년들'이 만들 미래

청년들이 세무업에서 만들려고 하는 단어는 '재미'다. 처음에는 '혁신'이니 '혁명'이니 이런 단어를 생각했는데, 아무리 생각해도 우리와 딱 맞아떨어지는 단어는 아니다. 우리가 세무업에서 이루고자 하는 목적이 혁명이나 혁신인 것은 맞지만, 청년들 문화의 궁극은 재미다. 그렇다. 우리가 세무업에서 목표하는 것은 세무업의 재미난 반란이다.

세무사지만 평범한 세무업이 너무 싫었던 공동의장 최정만, 꼬인 세금 문제 푸는 것이 우주에서 가장 재미있다는 공동의장 이규상, 이런 두 사람과 함께 세무업을 하는 게 매력적이라는 수원인계점 임상범 세무사, 부울경(부산, 울산, 경남)에서 세무업의 대장을 할 거라고 자신하는 부산지점 신상협 세무사, 청년들이 최고의 선택이었다고 말하는 법인 컨설팅 분야의 고수 고양 일산지점 김진우 세무사, 직원들과 함께 있는 것이 행복해서 회사를 꼭 지속 가능하게 만들겠다는 청년들 교육사업 부문장 잡스….

고급 스피커에서 흘러나오는 음악을 즐기고, 피아노를 치는 감성 넘치는 개발자 IT개발 부문장 제이슨, 친구네 사무실에 놀러 왔다가 청년들에 제대로 엮인 애플 출신 IT기획자 크롬, 고객의 사업을 시작부터 돈 벌게 해주겠다는 정책자금&경리업무 아웃소싱 사업 부문장 딘, 세상에 못할 건 없다면서 캐나다에서까지 경리업무 계약을 체결해 오는 앤디, 사람들의 마음을 하나로 뭉치고 회사의 조직문화를 만드는 것이 가장 재미있는 나 로빈,

이런 사람들이 모이면 어떤 것을 만들 수 있을까? 우리는 스스로 우리가 만들 수 있는 재미의 한계를 재단하지 않는다. 그저 이야기하고 실행한다. 때론 실패한다. 그리고 다시 실행한다. 뭐든 생각을 행동으로 옮기는 것은 확실히 더 좋은 방법을 찾게 만든다. 결론이 좋으면 고객에게도 전파한다. 안 되면 다른 방법으로 다시 도전한다. 우리는 이 행동을 반복한다.

"고객사의 팀장 리더십을 강하게 만들어 주고 싶어요."
"고객사의 신입사원들이 너무 자주 바뀝니다. 잘 정착하도록 도와주고 싶어요."
"고객사의 직원들의 회계 관리 능력을 키워주고 싶어요."

"고객사 직원들의 경리업무 능력을 키워주고 싶어요."

"고객사 직원들에게도 책을 읽게 해주고 싶어요."

"우리 거래처는 유독 중소기업이 많아요. 그런데 중소기업은 대기업처럼 자금의 여유가 없어요. 내부에 시스템도 부족하고요. 팀장들의 리더십 교육, 구성원을 하나로 묶는 동기부여 교육, 신입사원 교육 이런 건 생각하기 어렵죠. 우리 고객을 도울 수 있는 방법을 찾았으면 좋겠습니다. 단순한 기장 업무, 세무조정, 세무조사의 영역을 넘어 기업의 문화 성장까지 돕고 싶습니다. 이게 내 꿈입니다. 로빈, 로빈과 함께 방법을 찾았으면 좋겠습니다."

이 말은 최정만이 나에게 가장 많이 들려주는 말이다.

"고객사에 조직 시스템을 만들어 주고 싶어요."

"고객사 직원들의 성장을 도와주고 싶어요."

"고객사 대표를 도와 고객사의 성장을 돕고 싶어요."

"우리 직원 전부를 법인 컨설팅 전문가로 성장시키고 싶습니다."

"우리 직원들은 한 달에 책 3권 이상 읽는 사람들로 만들고 싶어요."

"우리 거래처에 책 읽는 문화를 전파하고 싶어요."

이 말은 이규상이 나에게 가장 많이 들려주는 말이다.

나는 이 두 사람이 줄기차게 사용하는 언어에 청년들의 'after 10', 미래가 담겨 있다고 생각한다. 나는 사람의 말은 잘 믿지 않지만, 일관성 있는 말은 신뢰한다. 세무업에도 이미 혁신이 시작되었고, 새로운 도전을 하는 곳은 많다. 하지만 세무업은 타업종과 다르게 유독 도전의 실패가 많다. 우리는 세무업에도 혁신, 혁신의 혁신이 넘쳐나길 바란다.

청년들은 고객에게 우리가 하는 일을 정확하게 알게 할 것이고, 고객은 우리에게 예측이 가능한 서비스를 제공받게 될 것이다. 거기에 더해 우리는 세무업에 없던 세무업의 재미를 더할 것이다. 우선 세무업의 직원들에게 활력이 있어야 고객에게 수준 높은 서비스를 제공할 수 있다. 직원들의 실력을 키워야 고객에게 제대로 된 서비스를 제공할 수 있고, 좋은 직원을 채용해야 좋은 리더로 성장시킬 수 있고, 직원들의 지적 능력을 키워야 고객에게 같은 능력을 제공할 수 있고, 직원들에게 경험이 있어야 고객에게 지혜를 전달할 수 있다.

이런 것이 말처럼 쉬운 일이 아닌 것을 안다. 만약 쉽게 이룰 수 있는 문제였다면, 세무업은 이미 '김앤장'이나 '삼일회계법인' 같은 독보적인 브랜드가 존재했을 것이다. 이것을 이루기 위해서는 직원의 성장, 지적 능력 향상, 높은 보수 등 복합적인 것들의 결합이 이루어져야 한다. 이 복합적인 성장을 이루기 위해 책을 읽고, 질문하고, 체계적인 교육을 하고, 보상한다. 그리고 보상하려고 노력한다.

이것이 청년들이 지향하는 문화다.

최정만과 이규상이 만나 청년들의 재미를 위해 꼼지락거릴 때, 부정적으로 바라보는 사람들이 있었다. 그들은 청년들이 몇 번 같은 실수를 하고 실패하는 모습을 확인하고선 안심했다. 마치 실패를 기도한 사람들처럼 말이다. 그리고 우리에게 들려주었다. "야, 너희들이 할 수 있는 거였다면 누군가 벌써 했겠지. 지금까지 안 하고 있겠나?"라는 말이다. 그들은 이내 관심을 껐다.

하지만 청년들이 멈추지 않고 몇 년 동안 사부작사부작 무언가를 해나갔다. 일관성 있게 밀고 나가는 모습에서 청년들을 궁금해하는 사람들도 생겼다. 그리곤 조용히 다가와 투자하겠다며, 수저를 얹겠다는 의사를 표현하는 곳들도 생겼다. 하고 싶은 것이 많아 여전히 자금의 부족이 있지만, 청년들은 이런 투자 제안을 함부로 받지 않는다. 거의 모든 투자 제안은 거절했다. 그들이 하려던 것은 투자가 아니라, 아주 저렴하게 우리의 경험을 얻으려 한 것이기 때문이다. 청년들은 동종업계의 투자는 약간 경계하기도 한다. 세무업이 진화하지 못한 것은 세무업 스스로 발목을 잡았기 때문이라고 여기는 이유다. 하지만 진짜 재미, 세무업의 혁명을 위한 투자는 언제나 열려 있다.

2023년 9월, 청년들은 상장사인 'W'사에서 첫 투자를 받았다. 이 투자는 청년들의 교육사업 부문에 대한 투자다. 우리는 투자자에게 이 투자가 정말 좋은 결정이었다고 말하게 하고 싶다. 결국 이 투자는 우리 청년들에 대한 투자를 넘어, 투자사의 미래에 대한 투자였음을 알게 해줄 것이다. 'W'사는 모르겠지만, 'W'사는 우리가 고르고 고른 투자자다. 브리핑한 건 우리가 맞지만, 우리도 투자사에 청년들의 정신을 투자하는 것임을 조금이라도 알아주기를 바란다. 우리가 투자사의 사업에 새로운 길을 만들어 줄 것이기 때문이다.

Chapter 2

우리가 문제를 풀어가는 방식, '블루홀'

1
세무업무의 OS,
운영체제 '블루홀'을 만들다

사실 우리의 목표는 매우 단순하다. 세무업을 쉽게, 더 쉽게 그리고 가볍게, 편하게 만드는 것이 청년들의 목표다. 다시 말해 '심플! 심플! 심플!'은 우리가 지향하는 바인 동시에 우리의 경쟁 대상인 셈이다. 이런 생각을 중심으로 개발한 것이 '블루홀'이라는 운영체제다. 유난 떠는 것으로 보이겠지만, 우리는 세무업이 블루홀을 보유한 곳과 보유하지 못한 곳으로 양분화될 것으로 믿는다. 이 말의 의미는 블루홀을 보유한 곳과 다른 세무법인들의 능력이 같을 수 없다는 것을 의미한다. 몰라서 쓰지 않을 수 있겠지만, 알고는 쓰지 않을 수 없는 그런 프로그램이다.

물론 이런 생각이 우리의 희망 사항을 포함하고 있는 것도 부인할 수는 없다. 조금 건방져 보일 수 있겠지만, 독보적이라는 표현을 쓴 것은 블루홀이 그만큼 강력한 도구이기 때문이다. 세무업을 향한 도전이 될 것이다. 솔직히 우리는 블루홀이 독보적인 시스템을 넘어 세무업의 OS, 운영체제로 자리매김하기를 바란다. 우리는 블루홀이 경쟁의 촉매제가 되었으면 한다. 혁신은 경쟁으로 더 발전하는 속성을 가지고 있기 때문이다.

현재까지는 눈에 들어오는 청년들의 경쟁자를 찾지 못했다. 우리에게 이런 환경은 반길 일이 아니다. 오히려 유감이다. 그만큼 세무업이 도태되었다는 의미기도 하니까. 세무업에 도전자가 없거나 매우 협소한 것은 몇 가지 이유가 있지만, 그 중심에는 '투자'가 있다. 어떤 업이든 새로운 것을 발견하거나 도전하기 위해서는 불확실함을 향해 투자가 이루어져야 한다. 무모함이 결과를 내기 위해서는 금전적 투자뿐만이 아니라 긴 시간에 대한 모험이 필요하다. 다시 말해 용기가 필요한 일인 것이다. 하지만 세무업에서는 용기를 가진 곳이 많지 않은 것 같다. 부디 세무업에도 새로운 것에 대한 도전자가 많아지길 바란다.

청년들이 우리의 협소한 경험을 가지고, 이렇게 말하는 것에는 세 가지 이유가 있다.

첫째, 청년들이 블루홀을 개발하기 시작했을 때 세무업을 하는 사람들이 최정만과 이규상에게 가장 많이 들려준 이야기는 "미쳤다!"는 말이다. 이 말의 기저에 깔린 의미는 "그렇게 해야 하는 이유가 뭐지?"다. 물론 이 말은 여러 복합적인 의미를 담고 있다. 세무업은 정해진 세법에 따라 움직이는데 얼어 죽을 창의, 이렇게까지 하지 않아도 충분히 밥벌이가 가능하다는 밥벌이의 감옥, 이미 있을 만한 프로그램들은 모두 존재한다는 구태와 안일함, 아무도 해내지 못했으므로 너도 하면 안 된다는 저주, 나도 너도 할 수 없다는 이상한 생각의 전달이다. 최정만과 이규상은 이런 생각의 감옥이 싫다고 말한다.

둘째, 뭔가를 하기 위해서는 돈을 투자해야 하는데, 그렇게 까지 투자하는 것보다는 수입 보존의 효용이 더 크다고 여기는 사람들이 많다. 다시 말해 이미 주머니에 들어온 수입을 지출로 변환할 생각 자체가 없고, 투자의 가성비가 없다는 확고부동한 생각의 늪에 빠져 있는 것이다. 어떤 것을 도전할 때, 시간과 돈은 항상 계륵이다. 그래서 많은 사람은 투자 대신 지름길을 찾는다. 그래서 남들이 만들어 놓은 저렴한 프로그램을 사용한다. 그러나 나에게 맞지 않는 옷은 반드시 어눌함을 남긴다.

셋째, 세무업의 혁신을 꾀하려면 길고 지루한 시간과 싸움을 해야 한다. 그러나 많은 세무업의 동료들은 그럴 여유가 없다고 여긴다. 아니 우긴다. 맞는 말이고, 실제로 시간이 없다. 세무업의 루틴을 설명하자면 끝이 없다. 1월, 4월, 7월, 10월에는 부가세 신고를 해야 하고, 5월에는 종합소득세를 신고해야 하고, 6월에는 성실신고 대상자들의 종합소득세를 신고해야 하고, 결산 시점에 따라 3월에는 법인세를 신고해야 한다. 그리고 신고를 위한 부속 업무까지 해야 한다.

이것 말고도 세무법인이 챙겨야 할 업무는 정말 어마어마하다. 시간이 없다고 생각하면 무한 루프의 굴레에서 벗어나기가 어렵다. 세무사에게 여유가 있다면 그만큼 직원들이 일의 늪에서 벗어나지 못하고 있다는 말이기도 하다. 세무업은 타 업종과 다르게 세금 시즌이 되면 정말 눈코 뜰 새 없이 바쁜 업종이다. 이건 팩트다. 하지만 우리는 이 이상하게 짜인 시간의 굴레를 벗어날 수 있다고 여긴다.

세무업은 3D 업종으로 분류된다. 일단 임금이 낮다. 그리고 일이 많다. 특정 시기가 되면 야근을 피할 길이 없다. 게다가 야근의 기간도 길다. 임금은 낮은데 일의 양은 넘사벽 수준이다. 월 10~20만 원의 기장료에 숨막혀 하는 고객들이 있지만, 좀 더 현실적으로 생각해 볼 필요가 있다. 솔직히 이 정도의 금액으로 이렇게 많은 업무를 처리할 수 있는 것 자체가 기적이 아닐까?

이건 세무 서비스의 질을 떨어뜨리는 일이기도 하다. 이런 환경에 창의를 꿈꾼다거나 혁신을 일으키겠다는 건 불가능에 가깝다. 세무업은 회계업처럼 브랜드를 확장하지 못했다. 세무업은 법률 서비스처럼 브랜드를 확장하지 못했다. 세무업에 불편함이 있는데, 이런 불편함을 충분히 감수하기 때문이다. 우리 청년들은 감히 이런 불편이 싫다고 말한다. 하던 대로 하는 것은 재미가 없어서다. 이건 리더들과 구성원들까지 모두 같은 생각이다.

세무업에도 날고 기는 사람이 많다. 청년들의 수장 최정만과 이규상보다 더 뛰어난 사람은 셀 수 없을 만큼 많다. 그럼에도 세무업 자체의 흐름을 바꿀 수 있는 그 어떤 변화도 일어나지 않는 것은 이상과 현실의 괴리에 기인한다고 할 수 있다. 더 큰 문제는 앞에서 말한 세 가지 말고도 많다. 도전의 이유, 돈, 시간 말고도 사람에 대한 투자가 필요하다. 사실 사람은 앞에서 말한 세 가지보다 훨씬 중요하다. 이것이 쉽지 않다. 우리도 쉽지 않았다.

일단은 리더의 큰 결정이 필요하고, 리더그룹을 설득해야 하고, 직원들까지 설득해야 가능한 일이다. 게다가 괜찮은 사람이 있다고 해도 그 사람은 또 어떻게 설득해야 할지 등의 문제가 생긴다. 이 모든 게 리더의 몫이다. 하지만 그렇게 쉬운 일이 아니다. 연봉 3억 원은 받아야 하는 사람에게 금전적 대가 없이 합류를 설득해야 하고, 1억을 받아야 할 사람에게 적은 연봉으로 함께하자고 제의해야 하고, 그 외에도 여러 변수를 넘어서야 한다.

다시 말해 법무법인이나 회계법인에 비해 체급이 작고 매출 자체가 적은 세무업계가 감당하기에는 도전 자체가 버거운 일이다. 만약 이런 일이 쉬운 일이었다면 세무업은 지금처럼 고리타분하지는 않을 것이다. 변화를 거부하기에 합당한 세무업의 변명거리가 많다는 말이다. 이 당연함을 넘어서지 않으면 도전 자체가 불가능하다. 그래서 청년들이 써나가는 세무업에 대한 도전이 재미있다. 이 즐거움을 구성원 모두에게로 지경을 넓히기 위해 애쓰고 있다. 많이 넓혔지만, 여전히 진행 중이다. 원래 가지고 있던 세무업의 속성을 바꾼다는 건 쉬운 일이 아니다. 도전해 온 시간은 3년이지만, 여전히 진행 중이고 이 진행을 멈추지 않을 것이다.

청년들이 블루홀을 개발하면서 투자를 요청했을 때, 주변의 사람들은 투자하는 대신 미쳤다는 말을 들려주었다. 하지만 블루홀 개발이 가시화되자 숟가락을 얹겠다는 회사들이 하나둘 생겨났다. 우리도 큰 금액을 투자할 테니 지분을 나누자는 회사도 생겼고, 사용료를 지불할테니 자신들도 사용하게 해달라는 곳들도 생겼다.

힘들었지만 자금을 쏟아부을 만큼 쏟아부었고 이제야 어느 정도 완성이 되었다. 현재는 업그레이드를 위해 1.0 버전을 사용하고 있지만(2024년 현재 블루홀은 2.0까지 버전업 되었다), 이 단계를 거치면 블루홀은 세무 서비스의 품질을 확 바꿔놓을 것이다. 그동안 우리 조직 안에는 IT 개발 조직도 생겼다. 이런 상황에서 의미 없는 투자금을 받을 회사가 있을까? 회사의 성장과 블루홀의 지속적 혁신을 위해 여전히 전략적 투자를 고려하기는 하지만, 개발 전일 때와 많은 것이 다르다.

간 보는 사람들이 모르는 것이 하나 있다. 그건 '간 보기 비용'이다. 돌다리를 두드리고 안전하다는 것을 확인하고서 길을 건널 때는 불안전할 때와는 확연히 다르다는 것을. 그것이 어떤 것이든 성공적인 결과물을 확인하고서 물건을 사려면 비싼 값을 치러야 하는 것은 당연한 일이다.

블루홀의 개발이 단순히 시간, 단순히 돈, 단순히 사람만 가지고 되는 것이었다면 우리는 재미를 느끼지 못했을 것이다. 적어도 생각을 행동으로 바꾸고, 시간을 합리적으로 바꾸고, 필요한 사람을 찾고, 그 사람을 우리 사람으로 만들고, 여기서 생긴 만남을 파트너로 바꾸는 것은 이론만으로 접근해서 해결할 수 없는 부분이다. 청년들이 걸어가는 길이 단순히 자금과 시간만으로 만들 수 있는 것들이라면 우리는 독보적이라는 표현을 쓰지 않았을 것이다. 그리고 우리가 만든 모든 소스를 오픈해도 따라 할 수 없다.

카피가 쉬운 시대라고는 하지만 여전히 힘들 것이다. 따라하기도 어렵겠지만, 우리는 그만큼 또 앞서가고 있을 테니 말이다. 우리가 익히 아는 '토스'의 혁신적 결과물은 모두 오픈되었다. 이미 플랫폼이 거의 다 오픈되었지만 누군가가 따라 할 수 있을까? 우리가 만든 것도 그렇다. 우리가 도전하고 있는 것은 세무업의 OS, '운영체계 시스템'을 만드는 일이고, 어느 정도의 성과물을 만들었다. 그것을 통해 이루고자 하는 것은 세상에서 가장 편한 세무 플랫폼을 만드는 것이다.

2
생각을 바꾸면
당신의 세금이 달라집니다

기본적으로 세금은 세법에 정해진 세율로 움직인다. 이것은 누구도 건드릴 수 없다. 금단의 영역이다. 지극히 당연한 말이고 당연해야 한다. 같은 조건의 사람에게 다른 세금 체계를 들이밀 수는 없다. 만약 그런 일이 일어난다면 민주주의 국가의 근본을 흔들게 될 것이다. 이 부분만 보면 세금은 어떤 사람이 신고해도 다른 값이 나올 수 없다는 결론에 다다르게 된다. 거래하는 세무법인이 청년들이든, 다른 곳이든, 선무당이나 또 다른 곳이든 차이가 있을 수 없다.

그런데 정말 차이가 없을까? 세금 관리가 이렇게 쉬운 일이라면 왜 굳이 세무사를 통해야 할까? 진짜 차이가 없다면, 이렇게 단순한 문제라면 스스로 해결하는 방법이 가장 좋은 방법이지 않을까? 실제로 세무업을 바라볼 때 이런 시각을 가진 사람은 적지 않다.

'그냥 국가에서 정해준 세금을 내는 것인데 내가 하기 어려우니, 당신들이 대신 해주는 거야.'라고 인식하는 것이다. 미안한 말이지만 순진하고 무지한 생각이다. 이런 생각은 스스로를 호구를 만든다.

개인에서 개인사업자로 대상을 바꿔보자. 같은 업종의 사업을 하고 유사한 매출을 일으킨다면 토씨 하나 틀리지 않은 세금을 내고 있을까? 대상을 다시 개인사업자에서 법인사업자로 바꿔보자. 같은 업종의 사업을 하고 비슷한 매출을 일으킨다면, 같은 세금을 내고 있을까? 단순하게 답한다면 세금이 같기는 불가능에 가깝다. 경우의 수나 변수가 많아서다. 심지어는 같은 비용을 사용하고도 계정과목의 처리가 다르면, 세금이 달라지기도 한다. 이론대로라면 말이 안 되는 일이어야 한다. 세금에서 '1'도 다르지 않아야 맞다. 세법에 문제가 있거나 이론이 틀려서가 아니다. 법률상 정해진 세금은 달라지지 않지만, 세금에 연관된 것들의 변수가 많아서다. 어떤 사람은 이 변수를 활용하고 어떤 사람은 이 변수를 활용하지 못한다.

이 과정에서 어떤 사람은 탈세하고, 또 누군가는 법을 활용해서 절세한다. 신기하게도 탈세와 절세는 유사한 면을 많이 가지고 있다. 잘못 사용하면 탈세가 되고, 잘 사용하면 절세가 되는 포인트들이 있다. 법에 의한 처벌 영역을 생각해 보자. 사람이 죄를 지으면 반드시 벌을 받는다. 이 또한 당연한 상식이고 당연한 일이다. 하지만 같은 죄를 지어도 사람에 따라 벌금도 다르고 형량도 다르다. 심지어는 법률상 정해져 있는 것도 복수다. 특정한 죄를 지으면 '2,000만 원의 벌금 또는 3년 형을 선고한다.'가 아니라 '2,000만 원 이내의 벌금형이나 3년 이하의 징역에 처할 수 있다.'로 규정되어 있다.

결국 같은 문제를 가지고 어떤 사람은 100만 원의 벌금을 내고 어떤 사람은 구속되어 처벌받는다. 그것도 사람마다 다르다. 이유가 무엇일까? 같은 범죄지만 고려해야 할 요소들이나 변수들이 있어서 일 것이다. 어떤 변호사를 쓰느냐에 따라 처벌의 내용이 달라진다. 그래서 사람들은 법적인 문제가 생기면 실력 있는 변호사를 찾으려고 애를 쓴다.

세금의 영역도 마찬가지다. 그리 단순하지 않다. 과세 체계는 누구에게나 동일하지만, 처리방법에 따라 많은 부분이 달라진다. 수입을 어떻게 처리하고, 비용을 어떻게 처리하고, 이익을 어떻게 처리하는지에 따라 세금이 달라지기도 한다. 그리고 어떻게 처리했는지에 따라 과거의 세금과 연결되기도 하고 끊어지기도 한다. 세법도 매번 달라지기 때문에, 그땐 맞고 지금은 틀린 것도 있다. 이런 모든 변수를 고려하지 못하거나, 고려했다고 해도 당시의 상황을 연결해서 증명하지 못하면 문제가 되는 경우들이 다수 존재한다. 세금의 설계가 그렇게 되어 있다.

개인이라고 할지라도 수입이 많은 사람과 적은 사람, 재산이 많은 사람과 적은 사람의 세금은 해석과 적용 여부에 따라 세금이 달라지기도 한다. 이렇게 결과가 달라지는 것은 생각의 차이에 기인한다. 이 외에도 기업에서 혜택을 누릴 수 있는 정책자금이라든가 하는 부분들이 있는데, 이 부분은 세금의 영역이 아니라서 세무사 사무실에서 관여하지 않는다. 실상은 알지 못해서 알려줄 수 없다는 것이 더 맞는 표현이다.

하지만 이 영역은 세무 영역과 전혀 동떨어진 영역일까? 우리는 그렇게 생각하지 않는다. 왜냐하면, 이런 혜택 자금의 경우 조건을 잘 맞추고 잘 사용하면 문제가 없지만, 잘 못 사용하면 손금불산입 등 세무적인 문제와 연결이 된다. 분명 일 자체는 세무 영역이 아니지만, 업무의 처리에 대해서는 세무 영역으로 연결이 된다.

상속세를 예로 들어 보자. 자산가들은 세금이 너무 많아서 죽겠다는 말도 하고, 이런 무지막지한 세금은 말도 안 된다고 말하는 사람도 있다. 물론 부자들의 이야기다. 돈이 없는 사람에게 상속세는 의미가 크지 않다. 세금이 미미하거나 낼 세금 자체가 없기 때문이다. 기업의 영역으로 넘어가면 상속세가 너무 과해서 기업의 대물림이 어렵다는 말을 많이 한다. 이 말은 어떤 의미를 가지고 있을까? 중요한 말일까? 어쨌든 자산가들은 상속세를 없애야 한다거나 많이 줄여야 한다고 법의 뒤에서 뒷담화를 많이 한다. 그런데 이 세금을 아예 없애버리거나 대폭 줄이는 건 가능한 일일까?

대기업은 창업주에서 2세로 경영권이 넘어갈 때, 2세에서 3세로 넘어갈 때, 세대 간의 대물림을 할 때마다 세간의 입방아에 자주 오르내린다. 세금 이야기를 할 때는 상속과 증여 이야기를 빼놓기가 어렵다. 그때마다 이슈가 되긴 하지만 신기하게도, 대체로 그들의 세금 전략은 신박하다. 그리고 대체로 성공적이다. '도의적으로는 문제가 있지만 법적인 하자는 없다.'라는 결론을 내는 사례를 어렵지 않게 보게 된다.

이런 결론은 이 세금에 대한 과정이 아주 오래도록 준비되었다는 것을 알 수 있다. 이것을 볼 수 있는 사람은 그 자체로 세금에 대한 지식이 있다고 보아도 된다. 만약 이런 상황을 보고도 '임기응변'쯤으로 본다면 당신의 세금은 최적화되기가 어렵다고 보아도 무방하다. 세금은 시간을 긴 호흡으로 보면 줄일 수 있는 부분이 많고, 짧게 보면 줄일 수 있는 부분도 적고 탈세가 될 가능성이 높다.

같은 자산가라도 오랜 부자들과 갑자기 부자가 된 신흥 부자들은 행태가 시작부터 끝까지 모두 다르다. 대기업 집단의 자산가나 부의 대물림을 경험한 사람들을 전자로 볼 수 있다. 이들은 버는 것보다 세금을 더 중요하게 다룬다. 버는 것보다 세금의 통제가 더 많은 돈을 움직이기 때문이다. 수입을 올리는 것은 단기적 재산에 영향을 주지만, 세금은 매우 장기적으로 영향을 끼친다. 이들 집단은 경우 손주가 태어나자마자 재산을 증여하기 시작한다.

이때 마음에 드는 자녀와 마음에 들지 않는 자녀, 그들의 태생에 따른 차별 이런 것들은 그다지 고려하지 않는다. 그들 중 누가 똘똘하게 자랄지 알 수 없고, 누가 부를 대물림하기에 적합한지 섣불리 판단할 수 없어서다. 이런 행동은 거의 시스템화되어 있다. 그리고 이 일에 관여하는 사람들을 중요하게 생각한다. 그래서 그들의 마음도 얻는다. 결국 일은 사람이 해야 하기 때문이다. 반대로 급조된 부자들은 행태가 전혀 다르다. 경험한 적도 없고 학습도 되어 있지 않아서다.

이들은 자신의 곁에서 자금을 관리하거나, 세금을 관리하거나, 중요한 일을 다루는 사람도 가벼이 취급한다. 이런 사람들은 시간이 흐른 후에 뒤늦게 사람이 가장 큰 리스크라는 사실을 깨닫게 된다. 이런 일이 벌어지는 건, 현재와 미래의 괴리 때문이다. 부는 현재형이지만, 대부분의 큰 세금은 미래형이다. 자녀들이 내야 할 세금은 미래형에 가깝다. 신기하게도 갑자기 부자가 된 사람이나 작은 부자들은 "나는 자식에게 재산 절대 안 물려줄 거야."라는 말을 자주 사용한다. 가지고 있어야 힘이 된다고 여기기 때문일 수도 있고, 재산을 물려주면 자식을 버릴 거라는 생각 때문일 수도 있다.

중요한 건 이들도 시간이 흐르고 나이가 들면 자식에게 물려주려고 하는 건 매 한 가지다. 다만, 준비하지 않았으므로 주는 사람도 받는 사람도 세금을 많이 내야 한다. 여기서 중요한 사실을 발견해야 한다. 부의 대물림을 경험한 부자는 세금을 관리하지만, 경험이 없는 부자는 세금을 관리하는 대신 방치하고 나중에는 탓을 한다. 관리하는 자산가는 세금을 최적화시키고, 나라 탓하는 부자는 티끌 모아 벼락 세금을 만든다.

이 이야기는 필자가 경험에서 얻은 지혜의 일부다. 대기업의 그룹 비서실에서 오너와 VIP를 보좌하면서, 자산가들을 만나면서, 큰 부자들을 관리하는 뱅커들을 상대하면서 얻은 지혜의 일부를 기술한 것이다. '경험'이 아니라 '지혜'라고 표현한 것은 이런 일을 경험할 수 있는 사람이 많지 않고, 경험한다고 해도 볼 수 없는 사람이 더 많아서다.

이 책을 집필하는 나는 세무사가 아니다. 나는 법인세도 잘 모르고, 세무조정도 잘 모르지만, 큰 세금의 흐름과 그 흐름을 관리하는 방법에 대해서는 아주 조금 알고 있다. 청년들의 조직문화를 책임지고 있을 뿐이지만, 나는 적어도 청년들이 내가 아는 경험을 공유할 수 있도록 할 것이다. 이것이 청년들의 문화다.

청년들은 다른 곳들과 생각이 조금 다르다. 일단, 세금을 대하는 태도가 다르다. 세금이 무서운 것은 잘 됐을 때다. 갑자기 부자가 되는 것, 기업이 갑자기 성장하는 것은 예측하기 어렵지만, 준비하면 진짜 돈을 벌게 된다. 그런 의미에서 우리는 미래의 자산가들이 우리의 고객이 되기를 바란다. 우리 고객이 가까운 미래에 자산가가 되기를 바란다. 이건 고객에게 좋은 일이지만, 결국 청년들에게 득이 되는 일일 것이다.

진짜 인재는 회사가 어려움의 궁극에 달했을 때 알아볼 수 있다는 말이 있다. 반대로 세금을 관리하는 사람의 능력은 큰 사건을 맞이했을 때 알게 된다. "생각을 바꾸면 내 세금이 달라질 수 있을까요?"라는 질문을 받는다면 청년들의 답변은 언제나 'YES'다. 긍정의 힘으로 세금을 달라지게 할 수는 없지만, 생각하는 능력은 언제나 세금을 달라지게 할 수 있다. 청년들은 생각하는 사람이 모인 공간이다.

3
청년들이 일 잘하는 방법 10가지

세무법인청년들에서 일 잘하는 방법 10가지

1. 일단 저질러라.

2. 업무의 시작은 공유다.

3. 질문을 던지지 않고 어떻게 해답을 찾지?

4. 그림같이 써라.

5. 1% 차이의 힘을 믿어라.

6. 선 긋지 마라.

7. 내 업무의 맥락은 내가 가장 잘 알아야 한다.

8. 과도한 커뮤니케이션은 나쁜 게 아니다.

> 9. 모든 일의 궁극적인 목적은 '고객창출'과 '고객만족'이다.
> 10. 우리의 비결은 남들이 알지 못하는 무언가를 아는 것이다.

우리는 청년들에서 일 잘하는 방법 10가지를 가지고 있다. 이 방법은 세무법인청년들을 필두로 모든 사업 부문이 공유하고 있다. 청년들은 여러 사업부를 운영하고 있는데 교육사업 부문, 정책자금&경리업무 아웃소싱사업 부문, IT사업부문 등 모든 부문에 이 방법을 자리잡아 가게 만들고 있다. 우리는 이 방법이 청년들의 조직문화에 깊게 뿌리내리길 원한다. 그래서 이 방법을 말과 생각 속에 계속 각인시킨다.

첫째, 일단 저질러야 한다.
역사의 기록은 일단 저지른 자로부터 시작된다. 많은 사람은 올바른 선을 긋기 위해 너무 오랫동안 머뭇거린다. 청년들의 방식은 일단 점을 찍고 난 후 다시 수정해서 발전시켜 나가는 방식이다. 애플도, 아마존도, 페이스북도 일단 점(창고)부터 시작했다. 행동에 비해 말은 쉽고 말에 비해 행동은 어렵다. 세상을 흔들 만한 좋은 아이디어도 말하는 사람만 있고 행동하는 사람은 없다면, 아무것도 아니다. 그냥 무의미한 생각일 뿐이다. 청년들은 말뿐인 아이디어를 좋아하지 않는다. 그래서 구성원들에게 일단 저지르기를 요구한다. 행동이 있다면 실수는 있을 수 있지만, 실패는 없다는 청년들의 도전 정신이다. 이것이 청년들의 첫 번째 근간이다.

두 번째, 업무의 시작은 공유다.
이 말의 의미는 '공유하지 않는 자 평생 혼자 일해라.'라는 말이다.
"혼자서 일하기 좋아하는 사람이 있습니다. 이런 분은 평생 혼자 일하면 됩니다. 회사일은 혼자서 하는 것이 아닙니다. 돌담을 쌓듯 큰 돌과 중간 돌, 작은 돌이 조화롭게 어우러져 목적을 이루어 가는 것입니다. 이때 필요한 것은 나 혼자 무엇을 잘하고자 함이 아닌, 함께 공유하고 피드백을 주고받는 태도입니다. 특히 세무업무는 다수의 거래처를 관리해야 하고, 여러 가지 세금을 다루어야 합니다. 실수하지 않아야 하고, 잘 처리해야 합니다. 이 당연함을 위해 공유하는 마인드가 더욱 중요합니다."
최정만과 이규상은 이 부분에 대해서는 유연성이 없다. 청년들이 개발한 블루홀도 이 지점의 혁신을 위해 시작되었다.

셋째, 질문하지 않고 어떻게 해답을 찾지?
'해답부터 찾지 말고, 진짜 중요한 문제인지 먼저 파악하자.'라는 말이다. 사람들은 문제가 발생했을 때, 먼저 답부터 찾으려고 한다. 그러나 이 문제가 왜 발생했고, 어떤 것이 중요한 문제이고 어떤 것이 중요하지 않은 문제인지 질문을 던지는 것이 필요하다. '이 문제는 왜 발생했을까?', 이 문제는 중요한 문제인가?', 원인을 모르고 해결책을 찾게 되면, 문제를 임시방편으로 해결하는 방향으로 흘러가기 쉽다. 어떻게 하면 제대로 된 결정을 할 수 있을까?

이럴 때 좋은 질문의 방향이 있다. 바로 시간의 축을 바꾸는 것이다. 우리는 늘 현재 시점에서 고민하고 결정한다. 대부분의 결정은 현재를 기준으로 내려지지만, 그 결과는 오랜 시간에 걸쳐 영향을 끼치게 된다. 이렇게 되면 결정이 잘못되었을 때, 벌어진 일을 돌이키기가 어렵다. 이를 방지할 수 있는 최선의 방법이 바로 시간의 축을 오가는 질문이다. 미래 시점에서 지금의 결정을 관찰하는 것이다. 그리고 좋은 질문은 개념의 정의를 다시 묻는 것이다. 발생한 생각이나 의문이 어떤 의미가 있는지, 곰곰이 생각해 보는 것이다.

남이 내린 정의가 아닌 나의 정의를 확실하게 하는 것이다. 꼬리에 꼬리를 무는 질문으로 문제를 풀었고 답을 찾았다면, 경영자의 답정너도 설득할 힘을 가지게 된다. 청년들이 구성원들에게 요구하는 것은 경영자의 주장에도 과감하게 의견을 제시하는 것이다. 대체로 이런 능력은 스스로 질문하는 것에서 시작된다. 이 말은 단순하지만 중요한 말이다. 우리는 청년들이 사용하는 문장이나 단어들에 미사여구를 사용하는 것을 좋아하지 않는다. 곧 말에서 주는 직역이 전부다.

"질문하지 않고 어떻게 해답을 찾지?"

넷째, 그림 같이 써라.

그림 같이 쓰면 기억 속에 머물게 할 수 있다. 최정만은 이 문장에 대해 다음과 같이 설명한다.

"살아가면서 무슨 일을 하든 꼭 갖추어야 할 중요한 능력 두 가지가 있습니다. 그것은 말하기 능력과 글쓰기 능력이라고 생각합니다. 세무업은 직원들과의 협업을 통해 다수의 고객에게 서비스를 제공하는 업(業)입니다. 그래서 말하기와 글쓰기 능력은 더욱 커지게 됩니다. 모든 일에는 원리가 있듯이 말하기와 글쓰기에도 원리가 적용됩니다. 고객의 머릿속에 상상과 영감을 불러일으키도록 그림같이 쓰면 고객의 기억 속에 머물 것입니다."

다섯 번째, 1% 차이의 힘을 믿어라.

$1.01 \wedge 365 = 38$이지만, $1.00 \wedge 365 = 1$이다.

인생에서 가장 큰 힘은 무엇일까? 한 가지로 정의할 수는 없겠지만, 강력한 것 중 하나가 습관의 힘일 것이다. 건강도, 성장도, 공부도, 사업이 그렇고 다른 어떤 일도 습관을 만든 사람과 그렇지 않은 사람의 차이는 같을 수 없다.

$1.00 \wedge 365 = 1$

$1.01 \wedge 365 = 37.78$

$0.99 \wedge 365 = 0.03$

0.99와 1.01은 단 2%의 차이밖에 나지 않지만, 시간을 흘려보

내면 그 값의 차이는 전혀 달라진다. 1.01은 하루에 1%씩 성장한다는 의미를 담고 있다. 세무법인청년들의 임직원들은 1% 지속성의 힘을 믿고 있으며, 고객과 함께 지속 성장해 나가는 것을 가치 있게 생각한다.

여섯 번째, 선 긋지 마라.
청년들은 일에 선을 긋지 않는다. 이 말은 '역할에 선을 긋는 방식은 우리의 방식이 아니라 대기업의 방식이다. 우리는 세상에서 가장 민첩한 스타트업이다.'라는 의미를 가진다. 청년들은 일을 하면서 생각이나 행동이 부딪칠 수 있지만, 그런 상황을 두려워하지 말 것을 요구한다. 이런 선을 뛰어넘지 못하면 우리는 지금의 한계를 넘어설 수 없다. 다시 말해 청년들에서는 일의 경계, 업무의 경계를 뛰어넘는 사람이 리더로 성장할 수 있다. 어떤 일이든 스스로 선을 긋지 말고 일단은 부딪쳐 보는 것, 이것이 청년들의 문화다.

일곱 번째, 내 업무의 맥락은 내가 가장 잘 알아야 한다.
회사의 대표가 다른 방향을 제시해도, 합당한 근거가 있다면 단호하게 'NO!'라고 말할 수 있어야 한다. 건강한 조직은 회사의 대표 한 사람에 의해 모두가 같은 방향으로 움직이는 것이 아니라, 구성원이라면 누구나 자기 생각을 말할 수 있는 분위기가 되어야 한다. 서로 다른 사람들이 조화를 이루는 조직이 건강한 조직이다. 그리고 내 업무의 맥락을 잘 알면, 자신의 의견을 피력하는 것이 두렵지 않게 된다. 청년들은 프로 의식을 지향한다. 내 업무의 맥락을 자신이 가장 잘 아는 것은 지극히 당연한 일이다.

여덟 번째, 과도한 커뮤니케이션은 나쁜 게 아니다.
'같은 내용을 반복해서 말하는 시간을 아까워하지 말자.'라는 의미다. 정렬이 되지 않은 상태로 일을 진행하다가 그걸 뒤엎는 시간이 훨씬 더 아깝다. 구성원이 소규모일 때는 문제가 되지 않던 일들이, 조직 규모가 커지면 문제가 생기곤 한다. 이 중 많은 문제는 소통에서 생긴다. 청년들은 소통의 부족보다는 차라리 넘치는 편이 낫다고 생각한다. 회사라는 공간은 육하원칙으로 이야기해도 서로 오류가 생기는 공간이다.

과한 소통도 문제가 없는 것은 아니지만, 소통하지 않아서 생기는 문제보다 덜하다. 청년들은 공유와 협업을 중요하게 생각한다는 것을 이 책의 여러 부분에 적어 놓았다. 이 문장은 이런 청년들의 정신과도 이어진다. 2023년 10월, 이규상은 팀장들을 모아놓고 출근 인사에 대해 이야기했다. "우리 인사는 눈을 마주치면서 합시다." 이 내용을 가지고 자신의 의지를 전달했다. 이후에도 이규상은 이 문장을 행동으로 녹여내기 위해 인사의 중요성을 강조한다. 이런 것이 우리의 소통 방식이다.

아홉 번째, 모든 일의 궁극적인 목적은 '고객창출'과 '고객만족'이다.

궁극적인 목적을 잊으면 쓸모없는 일을 하게 된다. 하나의 회사가 지속적으로 존재하기 위해서는 수많은 일들을 통해서 복합적으로 이루어져야 한다. 그 수많은 일들은 서로 거미줄처럼 연결되어 있고, 그 일들은 저마다의 목적을 가지고 있다. 그 중심에는 고객이 있다. 그래서 모든 일의 궁극적인 목적은 '고객창출과 고객만족'이 되어야 한다.

우리가 일하는 방법의 모든 궁극에는 고객이 있다. 우리를 위해, 우리만의 방법으로 우리가 편하려고 일하는 것이 아니라, 고객의 편의성을 생각하는 것이다. 다시 말해 우리의 일하는 방식은 지금껏 알려진 고객의 불만, 고객이 들려준 고객의 불만, 우리가 찾아낸 고객의 불만, 우리가 변화를 줄 수 없었던 근본적 문제 등에서 착안한 것들이다. 이 생각이 청년들의 일하는 방법의 시작이고 끝이다.

열 번째, 우리의 비결은 남들이 알지 못하는 무언가를 아는 것이다.

똑같이 따라가지 말고 더 다르게 시도하라. 'We FIND the way others miss.', 우리는 남들보다 더 잘하는 데 경쟁력을 두고 있지 않다. 남들이 하지 못하는 일에 경쟁력을 가지고자 한다. 그래서 남들이 하지 않는 일, 남들이 못하는 일에 관심을 두고 있다. 청년들 본점의 큰 창에는 '남들과 같다면 진 것이다.'라는 문구가 큼지막하게 쓰여 있다.

남들이 아는 것을 아는 것, 남들이 하는 것을 하는 것, 이런 정도로는 청년들의 정신을 품을 수 없다. 다른 곳에서 잘하는 것을 벤치마킹해서 발전시키는 것도 중요하지만, 우리는 평범함을 넘어선 탁월함을 원한다. 우리는 많은 도전자가 너무 당연해서 무시하는 기본기에서부터 탁월함을 찾는다. 우리 스스로가 벤치마킹을 당하는 조직이어야 하기 때문이다. 이것이 청년들의 지향점이다.

신기하게도 이 10가지 방법은 모두 세무업과는 어울리지 않는 문장들이다. 두어 가지를 빼면 세무업에는 존재하지도 않는 문화다. 최정만과 이규상은 청개구리다. 세무업에 없는 문화를 만들려고 한다. 역으로 기존에 세무업이 가지고 있는 문화는 빼려고 한다. 이런 면에서 보면 청년들은 매우 피곤한 조직이다. 강요하는 건 없지만, 해야 하는 것도 많고 함께 공유해야 하는 것이 많다.

보통 이런 문화는 호불호가 존재한다. 생각하는 것을 싫어하거나 성장하는 것을 싫어하거나 행동하는 것을 싫어하는 사람에게 청년들은 지옥일 수 있다. 긍정적 생각을 행동으로 옮기지 않으면서 청년들에서 버티려는 사람들이 있었다. 하지만 결국 떠남이라는 선택을 해야 했다. 어떤 사람이든 잠깐은 속일 수 있지만, 오래도록 자신을 속일 수는 없기 때문이다. 우리는 노력하지 않는 사람, 성장하지 않으려는 사람을 단호히 거부한다.

  청년들이 일하는 10가지 방법은 단순한 개념을 정리한 것이 아니다. 구성원들을 위한 지침이지만 결국 블루홀의 작동을 위한 하나의 시스템이다.

4
팀장들이 품고 있는
12가지 질문

 청년들은 리더가 품어야 할 질문, 리더가 마땅히 해야 할 질문 12가지를 공유하고 있다. 유난스럽게 보일지 모르겠으나, 자신에게 질문하지 못하는 리더는 개인의 한계를 뛰어넘을 수 없다고 여기는 것이 청년들의 문화다.
 최정만과 이규상은 많은 구성원 중 유독 팀장들에게 공들인다. 가장 큰 이유는 팀장을 하나의 회사로 여기기 때문이고, 하나의 회사로 성장시키려는 욕망 때문이다. 이 부분에 대한 이 두 사람의 생각은 이나모리 가즈오의 '아메바 경영'에 영향을 받은 것으로 보인다. 내가 이렇게 생각하게 된 것은 소통의 과정에서 확인한 것이기도 하지만, 이 둘이 팀장에 대한 무한한 애정을 관찰했기 때문이다.

다시 말해 이 둘은 회사에 괜찮은 리더 한 명 만드는 것을 독립적 회사 하나를 세우는 것만큼 중요하게 다룬다. 이 둘이 한 마음으로 팀장에게 집중하는 것은 단순히 아메바 경영에서 배운 것을 적용하는 차원이 아니다. 리더에게 기본기가 없거나, 달라지려는 생각을 가지지 않거나, 리더에게 총기가 없으면 조직을 성장시키거나 바꾸는 것이 불가능하다고 여기기 때문이다. 최정만이나 이규상 자신에게도 같은 기준을 적용하고 있다.

팀장들에게 필요한 12가지 질문

1. 나는 회사의 비전과 목표를 정확하게 알고 있는가?
2. 나는 회사가 팀에 기대하는 바를 알고 있는가?
3. 나는 팀원들에게 적합한 일을 시키고 있는가?
4. 지난 1주일 동안, 팀원들의 업무에 대해 인정이나 칭찬을 한 적이 있는가?
5. 나는 팀원들을 하나의 개인으로 배려하는가?
6. 나는 팀원들의 자기 계발을 격려하는가?
7. 나는 팀원들의 의견을 소중하게 듣고 있는가?
8. 나는 팀원에게 업무의 가치를 높여주고 있는가?
9. 나는 팀원들이 성과를 내도록 돕고 있는가?
10. 나는 힘들 때 조언을 구할 멘토가 있는가?

11. 나는 팀원에게 자격 있는 상대가 되기 위해 어떤 노력을 하고 있는가?
12. 우리 팀에는 팀장과 팀원의 성장 기회가 있는가?

 이 12가지 질문은 최정만의 요청으로 우리 조직의 팀장들을 위해 만든 질문이다. 이 중 많은 부분은 내 책 《내일부터 팀장으로 출근합니다》에도 기술하고 있는 내용이다.
 나는 이 질문이 청년들뿐 아니라 기업의 리더에게 꼭 필요한 질문이라고 여긴다. 리더는 자문자답이 필요한 자리다. 스스로 질문하는 능력을 잃으면 리더로서 가장 중요한 객관성을 잃어버리게 된다. 이건 매우 중요한 문제다. 조직이 나를 따르거나 따르지 않거나, 둘 중 하나를 선택하게 만드는 일이기 때문이다. 나에게 질문하지 않으면서 팀원들에게만 질문하면, 소통에서 생기는 문제점을 찾을 수 없고 괴리를 메울 수 없다.
 최정만과 이규상이 나에게 요구한 것이 있다. 자신들이 정하고 공유하기로 한 이 12가지 질문을 잊어버리는 순간이 오면, 자신들에게는 질문하지 않고 팀장들에게만 질문을 강요하는 순간이 오면 꼭 말해달라는 것이다. 이 생각에 변질이 오는 순간 회사의 시스템에 문제가 생겼거나 생기고 있는 것으로 보아달라고 했다. 언제든 그렇게 할 생각이다. 이 책에 이런 사소한 말까지 적는 것은 나 또한 이 말을 잊지 않기 위해서다. 내가 이 둘에게 이런 말조차 할 수 없는 상황이 되었을 때, 이 둘이 이 말을 기억해 내기를 바란다.

5
남들과 같다면 진 것이다

'남들과 같다면 진 것이다.'

세무법인청년들 영등포 본점 창가에는 이 문장이 큼지막하게 붙어 있다. 우리가 고르고 고른 한 문장이라는 의미다. 참고로 청년들 본점 사무실의 높이는 5M이고 삼면은 곡선의 창으로 이루어져 있다. 건물의 밖에서 보면 사무실의 유리벽은 높고 길고 넓다. 안과 밖에서 아주 잘 보이는 구조다. 만약 여기에 고객을 현혹할 만한 문구를 만들어 붙이면, 신규 고객을 유입시키기에 이보다 더 좋은 광고가 없다는 말이다. 우리는 여기에다가 '남들과 같다면 진 것이다', 이 문장 하나를 아주 크게 붙여놓았다. 최정만은 이 문구를 붙이기 위해 3년 동안 고민했다. 결국 청년들의 문장으로 삼았고, 구성원들에게도 이 문장을 우리의 정체성으로 공유했다.

"로빈, 우리 사무실 유리창이 꽤 넓죠? 저기에 세무법인청년들을 알리고 싶습니다. 우리를 알릴 한 문장을 작업해서 붙이고 싶은데, 좋은 문장을 하나 만들어 주시겠어요. 급하진 않지만 중요한 일입니다."

창문에 이 문장을 붙이기 전, 최정만의 정중한 요청이 있었다. 이때 나는 여러 날을 고심했고, 나름 매력적인 문장 여러 개를 만들어 주었다. 이때 최정만은 내 문장들 앞에서 고개를 갸웃거렸다. 마음에 쏙 들어 하지 않는다는 것을 쉽게 알아차릴 수 있었다. 이후 두세 번에 걸쳐서 괜찮은 문장을 만들어 보여주었다. 이때 실장인 마린이나 팀장인 태미, 앤 등에게 의견을 구했는데, 직원들의 반응도 꽤 괜찮았다.

나는 '이보다 더 좋은 문장을 만들 수 있을까?'라는 생각으로 작업물을 전달했는데, 최정만은 역시 마음에 들어 하지 않았다. 이때 나는 정확히 알 수 있었다. '남들과 같다면 진 것이다.'라는 문구는 최정만의 가슴에 꽂혀 있는 문장이라는 사실을. 결국 내가 생각해 낸 문장들은 '남들과 같으면 진 것이다.'라는 문장에 대한 확신을 더 강하게 하는 데 사용된 것이다. 다시 말해 내가 어떤 문장을 만들어 보여주었어도 최정만의 마음을 움직일 수 없었을 것이라는 말이다.

항상 느끼는 것이지만, 최정만은 일반적이지 않다. 일방적이지 않지만 일방적이다. 매우 특이한 사람이다. 스스로도 그 사실을 알고 있고 인정한다. 창의적이고 공격적인 성향을 좋아하는 사람은 매력을 느끼겠지만, 차분하고 안정적인 것을 좋아하는 사람들은 매력을 느끼지 못할 수도 있겠다는 생각이다. 물론 매우 주관적인 내 생각이다. 어쨌든 최정만이 가진 매력이 있고 캐릭터가 분명하다.

앞에서 영등포 본점의 외벽 유리가 넓고 높고 길다고 표현했다. 보통의 세무법인이라면 이런 공간을 놀리지 않을 것이다. 결국 이런 공간도 임대료가 높은 이유가 되었을 테니 말이다. 그러자면 선택하는 방식이 간판 하나만 봐도 세무사 사무실임을 명확하게 알릴 수 있어야 한다. 거기에 매혹적인 문장 하나를 더해야 한다. 가능하다면 절세나 기장, 세금과 관련된 세련된 문구를 넣을지를 고민하는 것이 좋다. 왜냐하면 이런 것을 보고도 찾아오는 고객이 있기 때문이다. 나는 이런 일상의 홍보요건이 꽤 많은 신규 고객을 유입시킬 거라고 본다. 하지만 최정만은 이런 걸 매우 작은 일이라고 생각한다. 나는 그 점이 좋다. '남들과 같다면 진 것이다.', '남들과 같다면 그것으로 진 것이다.'

6
세무업의 혁신을 가로막는 장벽 폐쇄성, '공유'를 풀다

"세무업에는 청년들보다 뛰어난 세무법인이나 세무사가 없었을까?"

앞에서도 살짝 언급했지만, 이런 미련한 질문이 또 있을까. 세상에는 내가 가장 똑똑한 것 같아도 지혜로운 사람이 차고도 넘친다. 그건 조직도 마찬가지다. 이 질문에 대한 대답은 매우 상식적이다. 탁월한 세무법인이나 세무사는 이전에도 있었고, 지금도 있고, 앞으로도 계속 존재할 것이다. 그런데 왜 유독 세무업에서는 융합이 일어나거나 혁신적인 일들이 일어나지 못했을까? 내가 '못했을까?'라고 표현한 것은 '하지 않은 것'이 아니라 못했다는 것이 맞는 표현이라고 추정하기 때문이다.

세무업과 전혀 연관이 없는 내가 발견한 세무업의 가장 큰 문제를 하나 꼽자면, '공유'라는 키워드다. 이전에 어렴풋이 느끼고 있었던 걸 지금은 더 자세하게 들여다보고 있다. 그리고 청년들의 문화를 바꿔가면서 어떤 부분에서 막히는지, 어떤 부분에서 시간이 필요한지, 어떤 부분에서 설득에 대한 노력을 더 해야 하는지 관찰했고 하나하나 풀어가는 중이다. 이 부분에 대한 힌트는 본점 실장인 마린과 팀장들이 회의하는 모습과 대화하는 모습을 지켜보며 발견하게 되었다.

또 본점과 지점 사이의 대화에서도 확인이 되었다. 우리는 업무가 공유되지 않는 것을 세무업의 가장 큰 문제점으로 해석했고, 세무업 심근경색의 원인으로 받아들였다. 다시 말해 이 문제를 풀지 못하면, 제아무리 마법 같은 시스템을 만들어도 세무업의 변화를 주기는 어렵다. 그래서 이 문제를 리더와 구성원들이 함께 풀어가고 있다. 문제와 해답은 우리가 모르는 것에 있지 않다. 문제도 해답도 항상 가까운 곳에 있다는 말은 진리에 가깝다.

왜 세무업은 김앤장이나 삼일회계법인 같은 독보적인 브랜드가 없을까? 왜 법무법인은 있고 세무업은 없는 걸까? 왜 회계법인은 있고 세무업에는 없는 걸까? 물론 세무업에도 매출 기준으로 1등과 2등은 당연히 존재한다. 1등과 2등이 존재한다는 것이 브랜드가 존재한다는 것을 대변하지는 못한다. 혹 어떤 세무법인은 우리가 업계 TOP인데 무슨 소리를 하는 거냐고 할 수도 있겠다. 그렇게 느낄 수 있겠지만, 고객들은 세무업을 '그들만의 리그'로 바라볼 가능성이 높다.

일단 일반인들에게 세무업의 TOP 브랜드가 어딘지 아느냐고 물어보면 아는 사람이 없다. 이건 세무업을 경험하지 않는 내가 지인들에게 질문한 경험만을 가지고 말하는 것이다. 논리적으로 빈약하고 매우 협소한 인터뷰에 의한 근거다. 오해를 만들지 않기 위해 밝히자면 많은 모수를 가지고 파악한 것이 아니라는 것을 인정한다. 하지만 적어도 40명 이상의 직장인과 오너에게 한 질문을 근거로 했음을 밝힌다. 만약 내가 100명에게 질문을 했다면 좀 다른 결과를 얻을 수 있었을까? 40명은 어떤 한 분야의 브랜드의 인지도를 알아보기에 결코 적은 숫자가 아니다.

청년들이 만든 블루홀은 공유 시스템이다. 내가 한 일과 다른 사람이 한 일을 서로 알게 만들어 버렸다. 직원들이 한 일을 상급자가 알게 되어 있다. 동료가 한 일을 다른 동료가 들여다 볼 수 있다. 그리고 상사들의 흔적을 직원들이 알 수 있다. 업무에 실수가 있다면 발견되는 구조를 만들었고, 업무에 노하우가 있다면 그걸 공유하는 구조를 만들었다. 청년들의 거래처도 서로 공유될 수 있도록 만들었다. 서로 업무에서 발생하는 문제를 확인하거나 볼 수 있게 만든 것이다. 일반 기업들은 이것이 뭐 대단한 일인데 호들갑이냐고 할 수 있다. 하지만 세무업을 알면 그런 소리는 절대 할 수 없다.

내가 청년들의 조직문화 책임자로 합류했을 때, 블루홀은 개발 중이었다. 최정만이나 이규상은 이미 세무업의 변화를 위해서는 풀어야 할 키워드가 '공유'라는 것을 간파한 것이다. 말로 하는 공유는 사람에 따라 편차가 생기지만, 시스템을 통한 공유는 품질의 차이가 적다. 다시 말해 블루홀은 청년들이 품질을 앞세운 브랜드를 만들기 위해 꼭 필요한 시스템인 셈이다.

청년들도 이걸 한 방에 해결한 것은 아니다. 블루홀의 개발 이전에 이미 몇 차례의 실패를 경험했다. 돈도 많이 버렸고 시간도 많이 버렸다. 그리고 사람을 잃는 경험도 했다. 이때 실패의 가장 큰 원인은 사람이었다. 최정만과 이규상이 블루홀 개발에 더 매달리게 된 이유다. 최정만과 이규상은 블루홀을 개발하면서 구성원들과 이전보다 더 많은 대화를 나누었고 설득했다. 그리고 시스템에 사람을 끼워 맞추는 방식보다는 사람에게 시스템을 맞추는 방법으로 전략을 바꾸었다.

7
세무업 변화의 키, 협업을 풀다

'공유'와 함께 세무업의 변화를 가로막는 또 한 가지 걸림돌은 '협업'이라는 단어다. 공유와 마찬가지로 세무업에서는 협업이라는 단어가 잘 어울리지 않는다. 협소한 경험과 현상으로 일반화시키는 것은 무리가 있지만, 세무업의 다른 조직에서도 이런 현상을 찾아보는 것은 어렵지 않았다. 청년들만 보면 하나의 조직이지만 청년들을 거쳐 간 세무사, 청년들을 경험하면서 만난 세무사들은 결국 세무업의 한 조각일 테니까 말이다.

길지 않은 시간이지만 세무업을 관찰하면서 느낀 것은 '이 일이 굳이 협업까지 해야 할 일인가?'라는 질문이다. 그리고 이렇게 말하는 사람들을 흔하게 볼 수 있었다. 다시 말해 세무업은 '내 할 일만 잘하면 된다.'라는 암묵적인 고유문화가 존재하는 것이다. 오해

일지는 모르겠으나 자신이 아는 노하우를 상대와 나누는 데 매우 인색하다. 그리고 상대에게 배움을 얻는 자세보다는 가르치려는 자세가 더 자연스럽다. 연차가 오래될수록 이런 현상은 강했고, 세무사와 직원들은 판박이처럼 닮아 있었다.

솔직히 이 부분은 다른 영역도 마찬가지이긴 하다. 하지만 세무영역은 유독 심하다. 세무업은 세금을 다루는 영역이라 실수하면 안 되는 것들이 명확하게 존재한다. 일정한 답도 존재한다. 타 업종에 비해 선배들의 업무 지식이 절실한데 잘 알려주지 않는다. 결국 이 중에는 시간이 해결해주는 부분이 있는데, 이걸 노하우로 인식하는 사람들이 많다. 그리고 한 가지가 더 있는데, 그건 내 거래처를 상대와 절대 공유하지 않는다는 것이다. 이 부분은 세무업의 관점에서 바라보면 매우 상식적인 일이다.

내 거래처가 많아야 수입이 높다. 내가 다른 사람보다 업무를 더 많이 처리할 수 있어야 수입이 더 높다. 그러므로 서로 협업을 논할 일이 없다. 누군가를 가르치고 알려줄 시간에 내 거래처를 하나라도 더 늘리고, 내 일을 하나라도 더 처리하는 것이 부가가치를 만드는 일인 것이다. 경험적으로 만들어진 이런 문화는 경쟁해야 하는 세무법인과 세무법인 사이, 협업해야 하는 본점과 지점 사이, 협업이 없으면 안 될 것 같은 직원과 직원 사이에서도 별반 다르지 않다. 협업할 일 자체를 만들지 않는 것이 평화를 유지하는 문화인 것이다.

홍길동의 거래처에서 일어나는 일은 홍길동이 없으면 처리가 되지 않는다. 심하게는 홍길동이 없으면 대표 세무사에게 말해도 일을 처리하기 어렵다. 이게 어떤 말이냐면, 고객의 불편을 알면서도 해결하지 못하는 아이러니가 빈번하게 생긴다는 말이다. 청년들이 주목하는 건, 이 지점이다. 공유와 협업을 풀지 않고서는 고객에게 더 좋은 서비스를 제공하는 것은 불가능하다고 여긴다. 이 문제가 생각이나 의지로만 가능하지 않기 때문이다. 우리가 공유와 협업 시스템인 '블루홀'에 청년들의 사활을 건 이유다. 사활의 사전적 의미는 '죽기와 살기'라는 뜻으로 어떤 중대한 문제를 비유적으로 이르는 말이다.

극명하게 들 수 있는 예가 하나 있다. 어떤 시기만 되면 법인을 찾아다니면서 CEO나 법인의 절세를 말하거나, 뭔가 하지 않으면 당장이라도 회사에 큰 문제가 생길 것처럼 겁을 주면서 영업하는 사람들이 있다. 법인 컨설팅을 자처하는 곳 중 이런 곳들이 있는데, 이 중 상당수는 보험 대리점이다. 분명 세금의 영역인데 세무법인이 아니라 보험 FC들이 영업을 한다. 이들은 진짜 전문가일까? 분명 생각이 필요한 일이다. 하지만 전문가 여부를 떠나, 컨설턴트라고 말하는 이들이 지적하는 문제점이나 절세에 대한 내용은 모두 거짓일까?

이들이 주장하는 내용을 들여다보면 이론적으로 맞는 주장들이 많다. 아이러니하게도, 세무업은 보험시장에 세무시장 자체를 빼앗겨 버린 셈이다. 세무업으로서는 통탄해야 할 일이 아닐까? 세무사는 아니지만, 법인 컨설턴트를 자처하는 FC 중에도 뛰어난 사람들이 있다. 심지어는 세무사보다 세금 분석 능력이 뛰어난 사람도 많다.

무엇보다 그들의 강점은 협업에 있다. 세무사업에 종사하는 사람들은 스스로 전문가라고 여기기 때문에 협업하지 않는다. 그리고 질문하지 않는다. 자기 스스로 전문가라고 스스럼없이 생각하기 때문이다. 하지만 때로 이런 생각은 스스로를 함정에 빠지게 만든다. 보험 FC들은 세무사가 아니다. 법인 컨설팅을 위해 절세에 대한 문제를 지적하거나 여러 가지 논리를 풀어갈 때, 신뢰에 대한 숙제를 가지고 있다.

하지만 이들은 이런 문제를 세무사나 노무사, 변호사 등을 넘나들며 협업으로 난제를 풀어간다. 그리고 공부한다. 다시 말해 전문가들과 협업하면서 전문가보다 더 전문가처럼 일한다는 것이다. 전문가들이 협업하지 못하는 빈틈을 활용하는 것이다. 이 프로세스가 잘되면 큰 수입으로 연결된다. 하지만 신기하게도 역으로 전문가들이 보험 FC를 활용하는 경우는 거의 없다. 다만 이용당할 뿐이다. 보험 FC들은 전문가가 아니어서 전문가들을 자유자재로 활용하지만, 전문가들은 이들과 정반대의 길을 걷는다. 스스로 전문가여서 아무에게도 도움을 구하지 않는다. 참 아이러니한 일이다. 우리는 이 아이러니도 풀어가고 있다.

절세 영역은 상법과 민법, 인사 노무 영역 등까지 얽히고 섥켜 있다. 어떤 한 분야의 전문가라고 할지라도 타 분야의 지식을 넘나들지 못하면 경계를 넘는 전문가가 될 수 없다. 다시 말해 내 영역을 잘하기 위해 타 영역을 공부하지 않으면 진짜 차별화를 만드는 절세 영역은 건드리기가 어렵다. 절세 영역은 공부하는 사람과 하지 않는 사람의 실력 차이가 크다.

여기서 주목해야 할 것이 있다. 다 그런 것은 아니지만, 업체는 컨설팅의 대가로 보험 가입을 권유하는 경우가 많다. 컨설팅에 대한 대가로 돈을 요구하는 것보다, 보험을 요구하는 편이 더 쉽기 때문이다. 과거에 컨설팅이라는 명목 하에 뭔가 그럴싸한 조언을 받고, 고액의 보험에 가입한 CEO나 회사 중에, 몇 년이 지난 시점에 절세는커녕 어려움을 겪는 곳들이 종종 생긴다. 이유가 무엇일까? 이유는 여러 가지가 존재하지만 가장 큰 이유는 연속성이 없어서다.

보험 영업하는 사람이 업을 그만두는 경우가 많을까? 아니면 세무사가 세무업을 그만두는 상황이 많을까? 이 질문에서 그려지는 답이 영속성에 대한 가장 확실한 답일 것이다. 대부분의 큰 절세는 장기적으로 다루어져야 한다. 지속적인 관계를 맺을 전문가가 아니라면 관리 자체가 불가능하다는 말이다. 실력이 출중한 사람에게 컨설팅을 받는다고 해도, 영속성이 없으면 문제가 생길 수밖에 없는 구조이기 때문이다. 결국 이 영속성에 대한 부분을 해소하지 못하면 절세가 아니라 탈법을 부추기는 일이 될 수도 있다. 다시 말해 절세 영역은 법적 책임을 가진 전문가를 통하는 것이 가장 효과적인 방법일 것이다. 세금 영역에서 세무사보다 더 책임을 가진 전문가가 있을까?

세무사들이 법인 컨설팅 영역에서 보험 대리점에 시장을 뺏기는 건, 무엇보다 공부하지 않아서다. 내 것을 움켜쥐고, 전문 영역을 벗어난 다른 것을 배우지 않기 때문이다. 다른 것을 배우지 않는다는 건, 내 영역을 벗어나면 바보가 된다는 의미다. 절세 영역에 대한 그림을 구상하기 위해서는 세법과 법인세법, 상법, 민법, 인사노무 영역까지 알아야 한다. 청년들이 팀장급 이상에게 세법과 상법, 민법, 노무를 공부하고, 배당이나 주주총회, 이사회가 세금에 어떤 영향을 끼치는지를 공부시키려는 것은 전문가 포지션을 가질 수 있게 하기 위해서다.

우리가 주의하는 건 어설픈 지식과 어설픈 경험이다. 어설프게 아는 것은 쉽다. 어설프게 아는 사람은 많다. 실제로 만나보면 자산가나 법인 대표들도 어설프게 아는 사람이 많다. 이건 무서운 일이다. 어설프게 아는 건 모르는 것과 매한가지인데, 많은 사람은 아는 것으로 착각한다. 모르면 배울 수 있지만, 어설프게 알면 배울 길도 막혀버린다. 우리가 만나는 고객 중 가장 어려운 사람은 선무당이다. 모르는 사람이 아니라, 어설프게 아는 사람이다. 상대가 귀를 막고 있으면 어떤 이야기도 들려줄 수 없다. 소통 자체가 불가능해지는 일이다.

청년들은 모르는 것을 부끄러워하지 않는다. 모르는 지식이나 경험을 만났다면 그것을 배우면 된다. 우리는 모르는 일을 만나는 것이 즐겁다. 왜냐하면 새로운 지식과 경험을 배울 기회를 얻은 것이기 때문이다. 우리는 어설프게 아는 것을 두려워한다. 어설프게 알면 선한 마음으로 상대에게 피해를 줄 수 있기 때문이다.

그래서 우리는 공부한다. 팀장급 이상을 전문가로 만들기 위해 사활을 건다. 이것이 청년들이 가지는 고객에 대한 기본기다. 고객에 대한 마음이 먼저다. 우리는 이 마음을 공유하지 않는 직원은 과감하게 집으로 돌려보낸다. 고객에게 제대로 서비스할 능력을 만들어주는 것이, 직원들을 아끼는 길이고 직원들의 몸값을 높여주는 길이라 생각하기 때문이다.

청년들의 블루홀은 일반적인 개념의 혁신이 아니다. 일반 기업으로 보면 회사의 일을 편리하게 관리하는 ERP와 닮은 부분이 있다. 사실 시중에는 월 몇 만 원이면 사용할 수 있는 유사 프로그램들이 여럿 존재한다. 그럼에도 우리가 우리의 체력을 넘어서는 2년의 시간과 비용을 들여서, 사람과 개발자를 투입하는 것은 청년들만의 독보적 시스템을 만들기 위해서다. 이미 만들어져 있는 프로그램은 많은 사람이 사용할 수 있는 장점이 있지만, 그 누구에게도 딱 맞는 방법이 아니라는 말이기도 하다.

이미 많이 알려진 ERP 시스템은 천지지만 대기업들은 단독 프로그램을 만들어서 사용한다. 적게는 수십 억, 많게는 백 억이 넘는 돈을 써가면서까지 자체 프로그램을 개발한다. 내부에서 가장 실력이 있는 사람을 투입하고, 많은 시간을 들이고, 돈을 투자하고, 공을 들인다. 이유는 오픈된 시스템이 절대 담을 수 없는 것이 있기 때문이다. 대기업들은 이 사소해 보이는 것들이 수십 억, 몇 백 억 이상의 가치가 있다고 보는 것이다. 우리도 마찬가지다. 블루홀은 그런 것이다. 다른 곳에서 카피할 수 없는 것도 같은 맥락이다. 블루홀을 만든 근본적 이유에 다가가지 못하기 때문이다.

블루홀을 개발하면서 직원들이 가장 많이 우려했던 것은 거래처와 자신의 업무가 공유된다는 것이었다. 본점의 거래처가 지점에 공개되는 것, 지점의 거래처가 또 다른 거래처에 공개되는 것, 본점 직원이 일한 것은 지점 직원이 볼 수 있다는 것, 서로의 업무 내용을 보면서 피드백을 할 수 있다는 것을 우려했고 꺼렸다. 심지어는 두려움까지 가졌다.

직원들이 에둘러 말한 것으로 내 거래처를 다른 사람이 보면 안 된다는 것과 내 거래처를 다른 사람에게 빼앗길지도 모른다는 불안함을 내포하고 있었다. 그리고 내가 일하는 방법을 알려주기 싫다는 생각이 있었고, 내 실수를 누군가에게 보이기 싫다는 거부감이 있었다. 그때마다 최정만과 이규상은 직원들에게 말한 것은 '안전을 지켜주겠다.'라는 것이었다. 그리고 그 마음을 보여주기 위해 최선을 다했다. 직원들에게 '공유'를 설득하기 위해 보낸 시간은 2~3년이다. 이 일에 대해 이규상은 '공유와 협업'을 만들기 위해 10년을 보냈다고 소회를 밝혔다.

3 Chapter

우리를 꿈꾸게 만든 문제&질문

1
청년들,
이 회사는 절대 성공하지 못한다!

청년들의 창업 초기 퇴사자가 많았다. 퇴사하는 직원들이 최정만에게 가장 많이 들려준 말은 "이 회사는 절대 성공하지 못한다!"라는 말이었다. 2022년, 기업 평판 사이트에 세 개의 글이 올라왔다.

 **청년들을 아프게 한 첫 번째 글**

'세무사를 위한, 세무사에 의한, 세무사를 위하여 돌아가는 기업'

장점

1. 장소가 당산역, 영등포구청역, 영등포역 자유롭다.

2. 식비 제공? 휴게 공간?

3. 다른 공간 사용

4. 신입이 들어와도 1년 뒤에는 3년 차 된 듯한 200%의 실력 향상

단점

1. 세무사들 기분에 따라 회사 분위기와 업무가 돌아감.
2. 직원들 일의 업무능력을 보지 않고 세무사와 잘 맞는 사람이면 그냥 잘해줌.
3. 영어 이름을 쓰면서 수평적인 관계를 요구하지만, 수직적인 관계를 만들어 내고 있음.
4. 스타트업은 언제까지 스타트업일지 모르겠고, 계속 잘 안 되면 스타트업이라고만 이야기함.
5. 다 이해한다고 하지만 결국 직원 복지가 아닌 세무사 복지를 위해 직원들을 갈고 있음.
6. 직원 업무 향상에 대한 칭찬에 인색함. 상벌을 줘야 하는데 벌만 줌.

경영진에게 바라는 점

직원들 불만을 듣는다고 하지만 정말 듣는 게 맞을까요? 정말 듣는다면 1년은 보여주셔야 회사가 변화되고 있다는 것을 느끼는데, 앞에서는 다 들어준다고 했지만 결국 한 달도 못 가서 다시 원상태로 돌아오는 경우가 많네요. 계속 말해도 크게 변화된 점은 없는 거 같아서 더 이상 바라는 것도 많지 않습니다.

 **청년들을 아프게 한 두 번째 글**

"늘 성장 성장을 말씀해주셔서 너무 힘듭니다. 강요 좀 그만해주세요."

장점

- 식대 주는 거. 직원들이 너무너무 좋아요. 하지만 상사는 모르겠어요. 직원들 빼고 모두요.
- 어떻게 이렇게 좋은 사람들만 모아 놨는지, 대표가 사람 보는 눈은 있어요.

단점

- 효율적인 걸 찾는다면서, 세상 비효율로 일하고 있는 것 같습니다.
- 늘 성장 성장 말하시는데, 최저시급 주지 마시고 말해주세요.
- 모든 회사가 주는 급여의 배로 일해주기를 바라지만, 우리 대표님 너무 심하시잖아요.
- "세무업은 다 이래!"라는 말은 하지 말아주세요.
- 우리는 늘 다르다 다르다 이러시면서 불리할 때는 평균으로 가는 방식 아닌 것 같아요.

경영진에게 바라는 점

지금처럼 하시면 오래 못 갈 것 같은데 앞으로 어떻게 하시려고 하는 걸까요?
이 기업 추천하지 않습니다.

 **청년들을 아프게 한 세 번째 글**

"훌륭한 회사를 다니는 경영진과 퇴사 생각뿐인 직원들의 회사"

장점
- 좋은 직원들과 일할 수 있음(대표가 사람 보는 눈은 있음)
- 건물이 노후되지 않아 타 세무사 사무실에 비해 쾌적한 환경

단점
- 개방적인 회사인 척 채용공고만 열심히 작성하는 회사
- 직원의 빠른 성장만 바라는 회사(성장 압박)
- 대표는 타 세무사 사무실처럼 운영하지 않는 점을 내세우지만, 최대 단점.
- 대화 안 통하는 여자 세무사들과 본인 주장만 하는 대표를 못 견디고 나가는 직원뿐.
- 개업한 지 2년도 안 된 회사의 2/3 이상이 퇴사.
- 아무리 퇴사 이유를 말해도 모른척하는 회사.

경영진에게 바라는 점
좋은 회사인 척 직원을 위하는 척하지 마세요.
사업, 세무업의 본질을 말하기 전에 이 회사 문제의 본질부터 해결하세요.
그러지 않는 이상 이 회사에 남을 사람은 없습니다.

채용은 계속하니 회사가 유지는 되겠지만 알맹이가 있을까요?

    기업 평판 사이트에 청년들 퇴사자가 작성한 글이다. 사실 청년들의 성장이 쉽지 않은 이유가 이 글 안에 모두 들어 있다. 최정만은 본점을 퇴사한 직원이 올린 글을 보고 매우 슬펐다고 했다. 최정만과 이규상은 이때 고민을 많이 했고, 회사의 많은 부분을 갈아엎었다.

    회사 대표의 생각은 그럭저럭 괜찮은 것 같은데, 내 생각에 이 회사는 글렀다. 함께 일하는 세무사도 개념이 없지만, 이런 회사를 대체할 수 있는 문장은 '희망 고문을 하는 회사다.'라는 말이다. 이상과 현실의 괴리는 곧 직원들의 무덤이다. 이 말이 최정만과 이규상에게는 이 회사가 성공하면 '내 손에 장을 지진다!'라는 말로 들렸다고 한다. 사업을 하면서 가장 많이 힘든 시기였다고도 했다.

    이 글은 청년들의 민낯을 그대로 보여준다. 본점에 근무했던 직원들이 퇴사하고 나서 회사 평판 사이트에 올린 글이다. 최정만과 이규상은 이 글을 보고 충격을 받았다. 하지만 이 말에 틀린 것이 거의 없었기에 부인할 수 없었다고 당시를 회상한다. 2022년은 청년들에 있어서 가장 힘든 한 해였다. 3평 사무실에서 50평 사무실로 확장하고, 3명의 직원에서 30명 이상으로 지점까지 늘리던 상황에 만난 극강의 어려움이었던 셈이다. 사업이 잘 풀리지 않아 겪는 어려움도 힘든 일이지만, 사업이 잘 풀리던 순간에 무너지는 경험은 극복이 쉽지 않다.

세무사와 직원들 사이에 생긴 벽과 불신, 직원과 직원들 사이에 생긴 완력 다툼 등 한마디로 총체적 난국이었다. 거기에 더해 일부 직원들은 단합해서 '우리가 모두 퇴사하면 어떻게 하려고 그러세요?'라는 협박성 메시지까지 전달했다. 그리고 실제로 청년들 조직은 모든 부분에서 무너졌다. 일장춘몽이란 말은 이럴 때 어울리는 말이다.

우리의 문제는 여러 가지였지만 가장 문제가 되었던 것은 팀장과 직원들 사이의 완력 다툼이었다. 일을 잘하는 것과 리더십은 전혀 다른데, 이 부분을 깊게 돌아보지 못했다. 세무업이 성장하지 못하는 것은 리더십과 관계가 깊다. 다른 부분에서 다시 언급하겠지만, 이때를 기점으로 최정만과 이규상은 본점의 조직을 완전히 개편해 버렸다. 이 두 사람이 조직문화를 중요하게 여기기 시작한 시점이 이때부터였다.

'우리는 무조건 성공한다! 직원들의 자존감을 위해!'

최정만과 이규상은 이 상황을 겪으면서 새로운 다짐을 했다. 보통 이런 상황을 맞닥뜨리면, 포기하든가 더 강해지는 방법 둘 중 하나를 선택해야 한다. 두 사람은 후자인 '오기'를 선택했는데, 회사를 포기하는 대신 청년들을 꼭 좋은 회사로 만들겠다는 의지를 다졌다. 이때 최정만의 마음을 강하게 만든 건 이규상의 역할이 컸다. 사실 이 당시 청년들은 창업 3년 차로 '광란의 시간'을 보내고 있었다. 직원 수는 많아졌는데, 기존 세무업의 문화와 전혀 새로운 문화를 만들려는 리더의 생각이 전쟁으로 번진 것이다. 팀장들과 직원들의 충돌이 있었고, 직원과 직원 사이의 충돌이 있었고, 일과 일 사이의 충돌이 있었다. 사실 이런 상황들은 최정만에게 세무업을 접고 싶은 마음까지 들게 만들었다. 그나마 다행인 것은 청년들의 공동의장인 이규상이 이끄는 수원지점은 본점에 비해 탄탄함을 가지고 있었다는 점이다.

이때 최정만은 홀연히 제주도로 여행을 떠났다. 힘들었기 때문이고, 쉼표가 필요했기 때문이고, 생각이 필요했기 때문이고, 시간이 필요했기 때문이다. 쉼표 끝에 내린 결론은, 그래. 우선은 이런 나쁜 글이 올라오지 않을 만큼 괜찮은 회사가 되자, 그리고 더 좋은 회사가 되자는 다짐이었다. 이후 청년들은 공식적인 채널을 통해 채용공고를 하지 않으려고 노력하고 있다. 앞의 불만을 보면서 한 다짐 때문이다. 좋은 회사는 결코 혼자 만들 수 없다. 같이 만들어 갈 사람, 희망 고문에도 진정성을 믿고 따라줄 사람들과 동행하고 싶어서다.

그때부터 청년들은 공식적인 채널을 통한 채용공고를 자제했다. 취업 채널에 대한 믿음이 없어서이기도 하지만, 그보다는 좋은 직원을 만나고 싶어서였다. 현재는 다시 채용공고를 한다. 물론 채용공고는 기존과 전혀 다른 내용으로 바꾸었다. 청년들의 꿈과 지향점을 분명하게 안내하기 시작했고, 원하는 인재상을 정확하게 안내했고, 매우 세밀한 조건들을 걸었다. 조금 살펴보면 알겠지만 도전 정신이 없는 사람들은 지원하기가 어렵다. 청년들의 입사 허들이 너무 높기 때문이다. 궁극적으로 이 일은 좋은 회사와 좋은 직원을 만나게 하는 길이라고 믿는다. 내가 면접을 볼 때 가지는 마음은 딱 한 가지다.

'우리 직원들에게 좋은 동료를 만들어 주고 싶다.'

이건 조직문화 책임자인 내 진심이다.

2
우리가 매번 넘어지는 지점을 넘어설 수만 있다면,

어느 해 여름, 교육사업 부문에 근무하는 조이가 찾아왔다. 함께 식사하면서 꼭 들려주고 싶은 말이 있다고 했다. 흔쾌히 수락했고 우리는 식사 자리에서 많은 이야기를 나누었다. 그리고 이런 시간을 몇 차례 더 가졌다. 누가 일부러 말해주지 않으면 알기 어려운 청년들의 과거를 들어볼 수 있는 시간이었다. 이 글을 빌어 청년들의 이야기를 들려준 조이에게 고마움을 전한다. 조이가 들려준 말은 듣기 쉬운 말이 아니었다. 왠지 모를 불편함이 들었다. 이런 이야기를 들으면 듣는 사람의 감정도 스트레스를 받는다. 이때 이야기를 나누면서 많은 생각이 들었다.

조이는 원래 세무법인청년들에 경력직으로 입사했다. 타 세무법인에서 5~6년을 근무했고, 청년들이 세 번째 직장이었다. 조이는 청년들의 첫인상을 말했다.

"청년들은 처음부터 특이했어요. 일단 사무실이 여느 세무사 사무실과 같지 않아서 좋았습니다. 고전적인 세무사 사무실 느낌이 아니어서 좋았고, 세련된 스타트업 사무실 같은 느낌은 매우 신선했어요. 최정만 대표와 나눈 2~3시간은 더 좋았습니다. 인터뷰였는데, 인터뷰 같지 않았습니다. 세무사님은 나에게 청년들의 꿈에 대해 들려주었고, 나는 세무사님에게 내 꿈에 대해 이야기 했습니다. 세무법인에 입사해서 대표 세무사와 이런 대화를 나눌 것을 예상하는 사람은 없을 겁니다. 정말 좋았죠. '오! 이런 회사도 있구나!' 그리고 최정만 대표는 참 특이한 사람이라는 생각이 들었어요. 생각과 이상향이 세무업에서 볼 수 있는 사람은 아닌 거죠. 결국 나도 청년들에서 함께 꿈을 꿔야겠다고 생각한 계기가 된 거에요."

조이가 청년들의 비전에 합류를 결정하게 된 결정적 이유가 회사에 대한 첫인상, 최정만에 대한 믿음 때문이라고 했다. 사람의 마음을 움직일 수 있는 건 여러 가지가 있다. 기업의 규모, 직업의 안정성, 높은 연봉, 좋은 복지, 워라밸, 비전, 좋은 동료 등이 입사자의 마음을 건드린다. 그중 가장 건드리기 쉬운 건 높은 연봉과 좋은 복지다. 반대로 가장 건드리기 힘든 건 비전과 사람이다. 연봉도 낮고 복지도 부족한데 비전과 사람이 좋아서 입사를 결정하는 건 쉬운 일이 아니다. 희망 고문에 기댄다는 말이기 때문이다.

그렇다. 청년들은 여러모로 아직 부족한 회사다. 그렇다 보니 주는 것보다는 앞으로 줄 것을 이야기할 수밖에 없다. 우리 입장에서는 꿈에 반응해준 직원들이 별과 같은 존재다. 그런 면에서 조이는 우리에게 참 고마운 존재다. 블루홀이 아니라 아무리 좋은 시스템이라고 해도 사용자, 다시 말해 유능하고 적극적인 직원들이 없으면 무용지물이기 때문이다.

조이는 행복하게 일했지만, 어느 해 최정만에게 사직서를 제출했다.

"조셉(최정만), 저는 이제 더 이상 청년들과 함께하기 어려울 것 같습니다. 조셉을 믿고 따랐지만, 일부 팀장들의 무례는 더 견딜 수가 없습니다. 돈 몇 푼 벌려다 심장이 썩어서 죽겠다는 생각마저 들어요. 그리고 저는 이제 세무업 자체를 떠나려고 합니다. 그 두 팀장 덕분에 내가 세무업에 맞는 사람이 아니라는 것을 깨닫게 되었어요. 그것도 세무업에 종사한 지 6년만에 무엇보다 사람이 무서워졌습니다. 이제는 어느 세무사 사무실에 가도 일을 못 할 것 같아요. 뭔지 모를 트라우마 같은 것이 생겼거든요. 조셉(최정만) 진심으로 말하고 싶은 것이 있어요. 직원들을 괴롭히는 팀장 문제는 반드시 해결해야 한다는 생각입니다. 팀장들의 리더십 문제를 해결하지 않으면, 청년들의 미래는 없을 겁니다. 이런 조직에 미래가 있다면,

그게 이상한 거죠. 이렇게 사람들이 하나둘 다 떠나가는데. 앞으로 새로 입사하는 어떤 직원도 버티지 못할 거예요."

조이가 들려준 이야기를 모두 쓸 수는 없었다. 여기서 말하는 '쓸 수는 없었다.'라는 문장에 담긴 행간의 마음은 독자들이 짐작할 수 있을 것이라 믿는다. 최정만은 이런 내용을 인지하고 있었다. 일부 팀장들이 주도권을 가진 시간 동안, 많은 직원이 입사와 퇴사를 반복했기 때문이다. 하지만 진짜 문제는 팀장들은 자신들의 문제라고 여기지 않는다는 것에 있었다. 최정만은 이 팀장들과의 시간이 사업을 접고 싶을 만큼 힘들었다고 한다. 그럼에도 쉽게 정리하지 못한 것은 초기에 생긴 문제가 아니라, 회사가 급성장하는 시점에 생긴 문제였기 때문이다.

초기부터 함께 고생해 준 멤버에게, 결별을 선언하는 건 쉬운 일이 아니었을 것이다. 솔직히 나는 이 부분에 대해서는 최정만과 이규상의 리더십이 잘못되었다고 생각한다. 어느 방향으로든 이런 문제는 빨리 정리해야 했고, 훨씬 더 단호했어야 한다. 어떤 문제든 타이밍을 놓치면 수습하기가 힘들어진다. 물론 결정은 오너의 몫이지만, 나는 리더십에 대해서만큼은 오너가 단호해야 한다고 여긴다. 나는 최정만과 이규상에게 의견은 가감 없이 전달한다. 만약 이런 대화를 할 수 없다면 소통이 죽은 조직, 감언이설만 살아남아 좀비 리더들만 남기는 조직이 된다는 사실을 알기 때문이다.

최정만과 이규상이 선택한 방법은 해당 팀장들을 팀원이 없는 개인 팀으로 독립을 시켜버렸다. 공간도 이동을 시켜버렸다. 나는 이 조차도 좋은 선택이라 여기지 않는다. 조직이 곪을 대로 곪은 상태에서 이루어진 조치이기 때문이다. 타이밍의 실패다. 결국 해당 팀장들은 회사가 비전을 선포하고 새로운 조직을 발표할 때, 직원들의 분위기가 무르익어 파이팅이 올라왔을 때쯤 회사를 떠나갔다.

조이가 들려주었던 이야기에 대해서는 조이 말고도 여러 직원이 찾아와 같은 이야기를 들려주었다. 청년들의 이야기를 글로 쓰기로 결정을 하고, 나는 꽤 오랜 시간을 직원들과 소통하는 일에 시간을 보냈다. 최정만의 요구가 있었기 때문이다. 최정만은 청년들의 이야기를 있는 그대로 써주기를 요구했다. 다른 일을 하지 않아도 되니 제대로 관찰해 주기를 요구했다. 나는 그 약속을 지키기 위해 직원들의 일하는 모습을 관찰했고, 직원들과 돌아가며 식사도 하고 대화도 나누었다. 이런 시간을 통해 청년들의 구성원들을 알게 되었고, 건강한 청년들의 조직문화를 만들기 위해 역할을 하고 있다. 이들과 함께 청년들을 TOP 브랜드로 성장시키고 싶다는 꿈을 꾼다.

사실 청년들의 조직도를 기획하면서 일정한 인원이 떠나갈 것은 예상했던 일이다. 하지만 아쉬운 마음이 있었다. 떠나간 사람들에게도 청년들을 함께 성장시키자고 전달하는 데 애를 많이 썼기 때문이다. 다시 말해 나의 인간적인 욕심 때문이라는 말이다. 청년들의 조직도를 그릴 즈음 나는 팀장들과도 많은 대화를 나누었다. 내가 청년들의 의장은 아니지만, 조직문화 책임자로 당신들의 콘텐츠를 만들고 성장시키겠다는 약속을 지키고 싶었다.

　청년들이라는 조직이 성장하는 것도 개인의 성장을 동반해야 가능하기 때문인 것도 있고, 이들을 성장시켜 공동체를 성장시키겠노라고. 청년들의 꿈과 비전에 대해서. 그리고 팀장들의 꿈에 대해서. 솔직히 어느 정도 마음의 교감을 나누었다고 생각했다. 이때만 해도 한 사람도 놓치지 않고 싶은 욕심이 있었다. 이때 최정만이 내게 들려준 말은 "안 되는 사람에 힘 빼지 마시고, 될 사람들에게 집중해주세요."라는 것이었다.

3
세무업에는 왜 김앤장 같은 회사가 없을까?

2022년 겨울, 최정만이 나에게 질문을 던졌다.

"세무업에는 왜, 김앤장 같은 회사가 없을까요?"

누군가에게 던진 질문이라기보다는 최정만 자신에게 던진 질문이라고 보는 것이 더 정확한 표현일 것 같다. 이 질문을 듣고 나도 궁금해졌다. '세무 업계에는 도대체 왜 생각나는 회사가 하나도 없을까?' 법무 분야에는 김앤장, 광장, 태평양 같은 이름만 들어도 쟁쟁한 법무법인이 여럿 있다. 회계 분야에도 삼일, 삼정, 한영, 안진 회계법인 등이 브랜드로 자리 잡고 있다. 이 분야가 아니더라도 산업의 각 분야에는 확고하게 자리매김한 회사들이 존재한다. 없는 분야를 찾기가 더 어려울 만큼. 신기하게도 세무업계에는 이런 브랜드가 없다.

나는 법률 대리인을 사용할 일도 없고, 회계법인과 거래할 일도 없지만 김앤장이나 삼일회계법인 같은 회사를 너무 잘 알고 있다. 그러나 세무업에는 어떤 회사가 있는지 알지 못한다. 억지로 기억해 보려 해도 떠오르는 곳이 없다. '이유가 무엇일까?', 우리는 이 질문에 집중한다. 이 질문이 우리에겐 기회인 셈이다. 매출액만 보면 세무업계에도 1, 2, 3등을 줄 세울 수 있고, 규모가 있는 곳들이 있다. 하지만 이건 업계에서만 통하는 수치일 뿐, 고객에게까지는 전달되지 못했다. 이건 세무업의 협소다. 매출액 1, 2위의 법인은 있지만, 고객들은 아는 곳이 없다. 제아무리 매출액 규모가 커도 고객에게 각인시키지 못하면 브랜드가 될 수 없다.

우리가 세무업에서 브랜드가 되고자 한 건 이보다 전이지만, 모든 구성원이 같은 목표를 가지게 된 계기는 이 질문에서 시작되었다. 결국 최정만과 이규상에서 시작되어 꼬리를 무는 질문, 또 다른 질문을 통해 조직 전체가 같은 목표를 가지게 되었다. 우리는 이 질문이 고객에게도 확장되기를 원한다. '우리도 실력 있는 세무법인을 파트너로 둘 수 있을까? 우리는 왜, 실력 있는 세무법인을 만나지 못한 것일까?'라는 질문을 마주할 수 있다면, 세무업의 변화를 이끌어낼 수 있을 것이다. 세무업은 다른 분야에 비해 유독 협소한 느낌이 있다.

세무업도 협소하지만, 세무업과 연결되어 있는 고객들의 사고도 협소한 느낌이다. 개인사업자든 법인이든 기업의 입장에서 제대로 된 세무적 서비스를 받고 제대로 된 세금 관리를 하려면 어떻게 해야 할까? 너무 당연한 말이지만, 좋은 세무업체를 만나고 실력 있는 세무업체를 만나야 한다. 이 당연한 생각을 만날 수 있다면 기업의 성장을 돕는 세무법인과 연결될 수 있다. 만약 아직도 세무 거래를 지인, 지인의 지인에게 소개받기를 원하고 그런 방식으로 찾고 있다면, 제대로 된 세금 관리가 근본적으로 가능할까? 안타깝게도 세무업의 발전이 없는 것은 이런 고객의 행태에서 시작된다고 할 수 있다. 기본적으로 세무 서비스는 비즈니스다. 철저하게 비즈니스로 접근해야 한다. 이 관계를 통해서 줄일 수 있는 세금을 줄이고, 경영적 혜택을 누릴 수 있어야 한다.

"세무업에는 왜 진정한 강자가 없을까?"

이 질문에 대한 답은 쉽고 명쾌하지만, 실질은 어렵다. 여러 차례 언급했지만, 세무업은 '협업'이 잘 이루어지지 않는다. 협업을 우선시하는 회계업과는 또 다른 공간이면서 전혀 다른 세계이기도 하다. 이 말은 혼자 잘난 사람은 많지만, 큰일을 기획하거나 도모할 수 있을 만한 실력자나 집단이 없거나 극소수라는 것과 연결이 된다. '함께 보다는 개인'을 추구하는 세무업의 특성 때문이다. 좋게 말하면

소규모로 운영해도 별 어려움이 없기에 뭉쳐야 할 이유가 없다. 더 정확하게 말하면 확장 시켰을 때 가성비가 매우 낮다. 규모의 증가에 비해 수입의 증가가 일어나지 않는다.

세무업은 협업으로 성장이 어려운 구조라는 말이다. 법무법인의 TOP이라 불리는 김앤장의 시작은 단 한 명의 실력자가 아니었다. 결과만 놓고 보면 실력자와 실력자가 서로 협업했기에, 가능했던 일이다. 거기에 더해 또 다른 실력자를 보태고 보태 김앤장은 브랜드가 되었다. 만약 김앤장이 실력자들의 진짜 시너지가 아니라 개인들의 단순한 합이었다면 지금의 브랜딩이 가능했을까?

회계법인에는 대표적 기업으로 삼일회계법인이 있다. 설립 당시인 1971년 초기에는 평범한 회계법인이었지만, 1999년 네트워크 펌(Firm)으로 탈바꿈하면서 위상이 달라지기 시작했다. 이 이전과 이후의 삼일회계법인은 체급이 달라져 버렸다. 그리고 함께 머리를 맞댄 이때 공유하고 만들어낸 노하우가 얼마나 많을지 짐작할 수 있다.

우리도 실력 있는 세무사를 모으고 있다. 단순한 합의 개념이 아니라 청년들의 정신을 동기화할 수 있는 사람을 모으는 것이다. 우리는 비즈니스를 위해서 덩치를 키운다거나 더하기의 합을 키우는 것에는 전혀 관심이 없다. 발상 자체가 청년들의 비전을 담을 수 없기 때문이다. 청년들이 어떤 정체성을 가졌는지, 어떤 에너지를 가졌는지, 청년들과 거래하면 쉽게 알 수 있다. 아직은 시작점인지라 보여줄 수 있는 실체가 많지는 않다. 그러나 앞으로 만들어 갈 에너지, 고객사에 돌려줄 노하우가 점점 더 쌓여갈 것이다. 우리를 만나는 고객은 법무법인과는 또 다른, 회계법인과는 또 다른, 세무업의 노하우를 경험하게 될 것이다.

4
우리 고객은 10년 후에도 살아남을 수 있을까?

세무업을 하다 보면 수많은 고객을 만나게 된다. 우리가 만나는 고객은 고액 자산가들도 있지만, 개인사업자이거나 법인사업자인 경우가 대부분이다. 경우의 수야 많지만, 고객을 연차로 나누자면 1~2년 차를 주니어 사업자, 4~5년 차를 중견 사업자, 10년 이상을 안정적 사업자로 구분할 수 있다. 모두 그런 것은 아니지만 보통 10년 이상 사업자를 유지하고 있다면, 안정권에 있는 것으로 볼 수 있다. 가장 힘든 건 1~2년 차의 사업자와 5년 이내의 사업자다. 보통 이 구간에 있는 사업자들은 생존 경쟁이 치열한데, 업력이 짧을수록 경쟁은 더 치열하다. 이 시간을 잘 버티면 안정권에 들어갈 수 있지만, 반대로 이 시간을 버티지 못하면 생존 자체가 불가능한 것이다.

신기하게도 폐업율이 가장 높은 사업자는 연차가 짧은 사람들이다. 예전에 비해 사업 환경의 변수가 많고 고객의 충성도가 떨어진다. 식당을 예로 든다면, 예전에는 음식만 맛있으면 시간이 많은 것을 해결해 주었다. 하지만 지금의 시대는 시간을 보낸다고 손님이 모이지 않는다. 고객의 생각이나 시장의 환경 자체가 달라졌다. 식당의 음식이 맛있는 건 고객에게 당연한 일이다. 식당이 맛으로만 경쟁하던 시대는 끝났다는 의미다. 먼저 가게의 자리가 좋아야 한다. 맛은 기본 중의 기본이다. 당연히 맛있어야 한다. 거기에 더해 친절해야 하고, 서비스가 좋아야 하고, 매장이 깨끗해야 하고, 가격은 착해야 한다. 이 중 하나라도 부족하면 고객들이 찾지 않는다. 찾는다고 하더라도 옆에 더 가성비 좋은 가게가 나타나면 고객들은 뒤도 돌아보지 않고 새로운 곳으로 떠나버린다.

한 마디로 자영업자들이 어려운 시절을 살고 있다는 말이다. 요즘 경기가 어려워서일까? 전혀 근거 없는 말은 아니지만, 1997년 IMF 위기 이후로 우리나라의 경기는 단 한 번도 좋았던 적이 없다.

"우리 고객은 10년 후에도 살아남을 수 있을까?"

우리가 이 문장을 생각하게 된 건 철저하게 고객 경험 때문이다. 많은 고객을 만났고 많은 고객을 떠나보냈다. 우리가 일을 잘하지 못해서 손절한 것이 아니라, 사업이 어려워서 폐업을 한 사람들이 꽤 많다. 이런 경험은 세무업으로서는 매우 슬픈 일이다. 이건 굳이 우리의 경험이 아니라 자영업자의 창업과 폐업 통계만 봐도 쉽게 알 수 있다. 매년 창업자는 넘쳐나지만, 불과 1~2년을 넘기지 못하고 폐업하는 곳이 많다는 내용을 쉽게 접할 수 있다. 그리고 상권이 형성된 곳을 보면 폐업하는 가게와 새로 생기는 가게를 매일 보게 된다.

우리는 세무업의 특성상 이런 상황을 더 깊이 경험하고 있다. 고객을 다른 곳에 놓치는 것도 슬픈 일이지만, 그보다 거래처가 어려움을 이기지 못하고 폐업할 때, 우리는 가슴이 아프다. 지금 글로 적은 이 문장들은 작가로서 관찰한 나의 견해가 아니다. 세무업에서 5년, 10년, 20년 이상을 일한 청년들의 팀장들과 세무사들, 직원들이 내게 들려준 말이다. 수원 인계점 대표 임상범 세무사가 들려주었고, 부산지점의 대표 신상협 세무사가 들려주었고, 고양일산 지점의 대표 김진우 세무사가 들려주었고, 수원지점 실장인 딘이 들려주었고, 본점 실장인 마린이 들려주었고, 팀장인 태미, 앤, 엘라, 밀리, 조안나 등이 들려주었다. 이렇게 여러 사람을 거론해 가면서까지 말하는 것은 청년들이 고객에 대해 거룩한 책임감을 가진다는 의미다. 나는 이런 마음을 가진 청년들이 자랑스럽다.

"우리는 고객의 사업이 진짜 잘 됐으면 좋겠습니다."

이건 청년들의 진심이다. 고객의 성공을 도와 우리의 성공을 도모하는 것, 그것이 청년들이 꿈꾸는 성공이다. 성장하고 성공하는 고객이 없으면 청년들은 성공할 수도 없겠지만, 고객 없이 세무업의 TOP 브랜드를 만들고, 세무업계의 독보적 1위가 되는 것은 그 자체로도 의미가 없다. 일단 말이 안 된다. 고객의 성장을 돕지 못하는 회사의 성장은 바람직하지 않다. 그리고 재미가 없다.

고객은 망해가는데 우리는 돈을 번다면 그런 현상에서는 어떤 의미를 찾을 수 있을까? '우리 고객의 사업이 진짜 잘 됐으면 좋겠습니다.'라는 우리의 생각은 '우리는 10년 후에도 살아남을 수 있을까?'라는 생각과 이어져 있다. 다시 말해 고객의 성공과 우리의 성공이 하나로 연결되어 있다는 것이 청년들의 사고방식이다. 청년들의 이런 말을 한다고 달라지는 건 없겠지만, 우리의 마음과 정신이 고객에게 닿기를 바란다.

오지랖인 걸 알지만 우리는 고객의 경영에 언제든 관여할 준비가 되어있다. 필요하다면 기업의 M&A까지도 도울 생각이다. 우리는 기장 계약으로 고객과 연결되고 거래를 시작하겠지만, 우리가 원하는 건 고객과 진정한 파트너가 되는 것이다. 우리 고객이 스스로 해결하지 못하는 문제들을 함께 고민하고 함께 해결하고 싶다.

그래서 우리는 청년들이라는 조직 안에 리더십, 동기부여 교육부터 실제적인 도움을 줄 수 있는 것들까지 역량을 키우고 있다. 그리고 다양한 사람들을 모아 놓았다. 중소기업에 꼭 필요하지만, 자체 역량으로 해결할 수 없는 부분까지 우리는 준비했고, 여전히 역량을 키워가고 있다. 청년들의 진가를 알아주는 곳이 있다면 우리는 얼마든지 함께할 준비가 되어 있다는 의미다.

고객의 성공은 세금 신고 하나를 잘한다고 해서 되는 것이 아니다. 고객 사업의 아이템도 좋아야 하고, 사업을 대하는 태도도 좋아야 하고, 사업적 역량도 좋아야 하고, 운 때도 맞아야 한다. 그 외에도 많은 것이 필요하다. 우리는 이 중 어떤 걸 도울 수 있을지 고민하기를 멈추지 않을 것이다. 꽤 여러 부분에 대한 영역을 찾았고, 여전히 찾고 있고, 앞으로도 찾아갈 것이다. 우리는 고객과 고작 세금 기장 이야기가 아니라 더 발전적인 이야기를 나누고 파트너가 되기를 원한다.

'우리는 그리고 우리 고객은 10년 후에도 살아남을 수 있을까?'

5
질문하지 않고
어떻게 답을 찾지?

'질문하지 않고 어떻게 답을 찾지?'

이 문장은 세무법인청년들에서 일하는 방법 10가지 중에서 세 번째 문항이다. 하지만 순서와 관계없이 최정만과 이규상이 자주 강조하는 문장이다. 그래서 이 두 사람은 질문에 대해서는 어떠한 제한이나 성역을 두지 않는다. 오히려 질문을 받아들일 수 없는 사람을 경계한다. 경계한다기보다는 경고한다는 말이 더 맞는 표현이다. '서로 질문하지 않으면, 조직이 생각하는 능력을 잃어버린다.', 이규상과 최정만이 질문에 집착하는 것은 이 부분 때문이다. 만약 청년들의 글을 관심 있게 읽었다면, 여러 부분에서 비슷한 느낌을 주는 글을 다수 발견할 수 있을 것이다.

다른 내용처럼 보이지만 동일성을 가지고 있고, 서로 같은 내용처럼 보이지만 또 다르기도 하다. 이런 느낌을 주는 건 우리가 지향하는 것들의 중심에 '소통'이 있기 때문이다. 청년들은 리더와 구성원 사이에도 소통, 구성원과 구성원들 사이에도 소통, 고객과도 소통이 중요하다. 다시 말해 청년들의 유난한 도전은 기-승-전-소통, 기-승-전-소통으로 연결되어 있다고 보아도 무방하다. 우리가 아무리 좋은 시스템을 가지고 있고, 제아무리 뛰어난 실력이 있어도, 고객에게 전달되지 않으면 그건 실력이 아니다.

청년들이 세무업의 판을 바꾸겠다는 생각으로 만든 프로그램인 블루홀도, 공동의장이 강조하는 질문하는 능력도, 청년들에게 강조하는 글쓰기 능력도, 업무 지식을 늘리는 것도 모두 고객과의 소통을 위한 수단일 뿐이다. 이건 고객에게 전달할 수 있어야 진짜 노력이 된다. 뭔가를 매우 열심히 하고 있는데, 고객에게 보여줄 수 없다면 그건 서로에게 안타까운 일이다.

청년들에서 일을 하다 보면 할 것들이 참 많다는 것을 느끼게 된다. 책을 읽어야 하고, 읽은 내용은 동료들과 나눠야 한다. 세무의 지경을 넓히기 위해 공부해야 하고, 함께 토론해야 한다. 업무적으로 이슈가 생기면 모두에게 공유해야 하고 해법을 서로 토론해야 한다. 누군가 좋은 아이디어를 제안하면, 그 즉시 뭉쳐서 생각을 주고받아야 하고 실행이 가능한 방법을 찾아야 한다. 이 외에도 청년들에는 뭔가 생각의 교류, 대화의 교류, 소통의 교류가 번잡하게 일어난다.

그러나 너무 당연한 말 아닌가? 질문하지 않고 답을 찾을 방법이 있기는 할까? 솔직히 질문 없이 답을 찾을 수 있는 것이 없는 것은 아니다. 어쩌면 질문하지 않고 찾을 수 있는 답이 더 많을 수도 있다. 특히 우리가 언제 어느 시점에 공부해도 변함없는 것들은 책에 모든 답이 있다. 우리가 학교에서 배우는 지식의 거의 모두 답을 가지고 있고, 답을 알려준다. 한국사가 그렇고 세계사가 그렇다. 이미 벌어진 일들의 답이 달라질 리 만무하다. 하지만 생각이 필요한 것들과 발전이 필요한 것들, 더 좋게 만들어야 하는 것들은 언제나 질문을 통해 더 좋은 방법을 찾는다. 심지어 질문은 달라질 것이 없어야 정상인 한국사나 세계사에서도 틀린 것들을 찾기도 한다. 그리고 잘못된 정보를 바로잡기도 한다. 그것이 질문의 힘이다.

청년들의 조직에는 질문이 난무한다. 다른 조직에 있던 사람이 청년들과 함께 일을 하게 되면 가장 먼저 이질감을 느끼는 것이 이 부분이다. 일반 팀원이 팀장이나 리더에게 질문하는 모습을 보면 대드는 것처럼 보여질 때도 있다. 이래도 되나 싶을 만큼이나 그렇다. 우리는 이런 문화를 적극적인 소통으로 간주한다. 질문과 소통에 조건을 만들거나 달기 시작하면 결국 소통은 편한 방향을 찾아 흐르게 된다. 소통이 왕성하지 않으면 리더는 자신도 모르는 사이에 눈치를 주게 되고, 눈치를 주지 않았음에도 구성원들은 눈치를 보게 된다. 다시 말해 우리는 게으른 방법 대신 적극적인 소통을 문화로 정착시키기로 작정한 것이다.

심리학에서는 'NO'를 외치는 사람보다 'YES'를 외치는 사람에게 마음이 열린다고 한다. 우리도 이 부분을 이해하고 있다. 의도하고 바꾸지 않으면 대단히 힘들다. 그래서 질문하는 문화, 적극적인 소통이 자연스러운 문화로 강력하게 정착시켜 버렸다. 이 부분을 해소하지 못하면 우리도 다른 조직과 달라질 수 없다는 것을 알기 때문이다.

그래서 최정만과 이규상은 질문과 소통 영역에 대해서는 어떠한 제한도 성역도 두지 않는다. 그리고 모든 리더가 같은 생각과 행동을 해야 한다고 강조한다. 리더 역시도 이 문장을 공유할 수 없다면, 청년들에서는 버티기 어렵다. 청년들은 나이가 많은 사람에게 지혜를 구하지만, 나이가 어려도 꼰대력을 가진 사람은 그 즉시 손절한다. 좋은 문화를 만들기는 어렵지만, 나빠지기는 쉽다는 것을 이해하고 있기 때문이다.

6
10년 후에는 되고, 지금은 안 되는 이유?

"로빈, 청년들은 매우 이상한 회사입니다. 이유는 수만 가지인데, 일단 다른 세무법인들과 생각과 정체성부터 결까지 모든 부분이 다릅니다. 청년들은 세무업을 하고 있지만, 우리는 세무업이라고 말하지 않습니다. 그리고 세무업과는 경쟁도 하지 않습니다. 참, 이상한 말이죠. 그런데 사실입니다. 우리가 경쟁자로 여기는 건 신화를 만든 브랜드 토스, 김앤장, 삼일회계법인입니다. 우리가 경쟁하는 건 단순히 이 대단한 회사들의 만들어 놓은 아성이나 명성이 아닙니다. 우리가 진짜 경쟁하는 건, 누구도 상상하지 못한 것을 생각해 내는 미친 능력입니다. 그리고 그 생각을 행동으로 옮기는 용기입니다.

포기하는 것이 당연한 상황에서도 포기하지 않는 이상한 도전입니다. 법으로 가로막힌 문제조차 두드리고 또 두드리는 미친 실행력입니다. 창의적이어서 가로막힌 문제를, 더 창의적인 방법으로 돌파하는 생각하는 능력입니다. 이 모든 걸 해낸 토스 같은 회사의 문화가 청년들의 롤모델인 거죠. 네. 맞습니다. 우리는 토스나 삼일회계법인, 김앤장을 만든 용기와 상상력, 실행력, 돌파력, 일관성과 경쟁하는 겁니다. 듣기에 따라선 건방지게 생각하는 사람들이 있겠지만, 우리는 기존의 세무법인과는 하나부터 열까지 모든 게 다릅니다.

청년들은 당연한 것에 집중하지 않습니다. 당연하다는 건 원래 해야 하는 일이니까요. 청년들은 반드시 성공할 겁니다. 우리는 창의적으로 생각하고, 생각에 거침이 없고, 행동하는 조직입니다. 빠르게 실패하는 것을 지혜로 삶고, 넘어졌을 때 다시 도전할 용기와 돌파력을 가진 조직인 거죠. 청년들은 분명 우리의 꿈을 이룰 겁니다. 10년쯤 후에는 우리 이야기를 책으로 출간해서 고객들에게 들려주고 싶습니다."

2023년 2월, 최정만이 본점 회의실에서 나에게 들려준 말이다.

나는 이런 감언이설이 좋다. 설레발은 누군가의 가슴을 뛰게 만들고, 그렇게 뛴 가슴은 새로운 역사를 만들기도 하기 때문이다. 원래 모든 성공의 결과물은 누군가의 설레발에 의해 시작된 산물이기 때문이다.

이때 나는 최정만에게 질문을 던졌다. 별생각은 없었다.

"청년들 이야기를 책으로 쓰는 거 좋네요. 그런데, 왜 10년 후에요? 지금 하면 안 될 이유라도 있나요? 내 생각에는 그만큼 자신이 있다면, 책은 오히려 지금 쓰는 게 더 효과적일 것 같은데요."

이때, 최정만의 눈은 반짝거렸다.
'아, 내가 왜 이 생각을 못했지? 10년 후에는 되고 지금은 안 될 이유는 없잖아!'
이렇게 생각하는 것 같았다.

최정만이 말했다.

"아! 맞네요. 내가 왜 그 생각을 미처 못 했을까. 솔직히 지금 해야 한다는 생각을 놓쳤습니다. 가능하시다면, 좀 도와주시겠어요. 로빈이 도와준다면 우리 이야기가 책으로 나올 수 있을 것 같습니다. 아직 과정이지만 고객들에게 청년들의 이야기를 꼭 들려주고 싶습니다. 그리고 청년들의 구성원들에게 우리가 할 수 있다고, 같이 도전하자고 말해주고 싶습니다."

청년들의 유난한 도전은 이렇게 시작되었다.

2023년 3월, 최정만은 공동의장인 이규상과 함께 청년들의 책을 쓸 거라고 청년들 그룹 전체를 모아놓고 모두에게 공표했다. 거기에 맞춰 나는 청년들의 유난한 도전에 대한 대략적인 생각을 발표했다. 이때 최정만과 이규상은 내가 우리 이야기를 책으로 쓸 수 있도록 구성원들이 적극적으로 도와야 한다고 지원사격을 했다. 이때만 해도 나는 청년들에 완전히 흡수된 사람이 아니었다. 굴러온 돌은 언제나 어느 조직에서나 경계 대상이다. 비슷한 이유로 생각하지 못했던 걸림돌도 있었다. 전혀 고려하지 못했던 반발에 부딪치기도 했다.

문제는 몇 가지가 있었지만, 내가 가장 힘들었던 건 교육사업 부문 대표인 잡스의 애매한 행동이었다. 이 프로젝트를 찬성한다고 하지만 반대로 느껴졌고, 반대한다고 표현하기에는 반대 의사가 분명하지 않았다. 잡스는 이 프로젝트를 노골적으로 반대하지는 않았다. 내가 힘든 건 이 지점이었다. 오히려 대놓고 반대를 표현한 사람들을 대하는 것은 설득이 쉽다. 진짜 어려운 것은 공식적인 자리에서 찬성하고 개별적인 만남을 가질 때 반대하는 것이다.

솔직히 나는 이때까지만 해도 잡스를 별로 이해하지 못했다. 반대한다면 전체가 있는 자리에서 반대를 해주어야 하는데 잡스는 그렇지 않았다. 이때 잡스가 나에게 가장 많이 한 말은 "로빈, 내가 우리 프로젝트를 반대하는 건 아니에요. 그런데…"으로 시작되는 말들이었다. 나중에 자연스럽게 안 사실이지만, 이건 잡스가 철저하게 배려형 인간이어서 생긴 일이다. 잡스는 '모두 함께 행복했으면 좋겠다.'라는 생각을 가진 선량한 스타일이다. 잡스의 이런 생각은 '좋은 게 좋은 거다.'라는 생각과 연결되어 있다.

하지만 나는 청년들의 조직문화 책임자로서 '모두 함께 행복했으면 좋겠다.'라는 것에는 같은 생각이지만, '좋은 게 좋은 거다.'라는 것에는 분명한 반대의견을 가진다. 결국 이 문제는 시간과 소통이 해결해주리라 믿는다. 이후에 잡스는 청년들의 책 쓰기 프로젝트를 적극적으로 도와주었다. 이 지면을 빌어 잡스에게 고마움을 전한다.

Chapter

**다양성을 모아
혁명을 도모하는 회사**

1
전혀 다른 생각의 만남, 청년들의 공동의장 최정만과 이규상

"다 좋은데 왜 이렇게까지 하는 건가요?"

이 질문은 내가 청년들에 합류할 때, 최정만에게 했던 질문이다. 이때 최정만은 나에게 장장 3시간 동안 청년들의 꿈에 대해 들려주었다. 그는 조금 신나 있었고 많이 들떠 있었다. 나는 3시간 동안 듣기만 했고, 딱 한 마디의 질문을 던졌다. 최정만이 나에게 말했다.

"재미가 없어서요."

이 내용은 내가 최정만에게 했던 질문인데, 책의 앞부분에 자세하게 적어 놓았다.

2022년 겨울, 최정만에게 했던 질문을 공동의장 이규상에게도 던졌다.

"다 좋은데, 왜 이렇게까지 하는 겁니까?"
"로빈, 그건 대답이 간단합니다. 1등 하고 싶어서요. 제가 2등을 많이 싫어하거든요. 누구 뒤를 따라다니는 것은 재미가 없습니다. 이왕 할 거, 제대로 하고 싶습니다."

이규상의 답변은 최정만과 내용은 달랐지만, 결은 토씨 하나 다르지 않고 같았다. 나에게 들려준 문장만 가지고 보면 두 사람의 욕망이 다르게 느껴진다. 하지만 마지막에 들려준 "재미가 없다."라는 말은 이 둘의 욕망이 한 치의 오차도 없이 같다고 볼 수 있다. 이때 나는 이 둘의 조합이 꽤 매력적이라고 느꼈다. 결국 이규상이 말한 것도 '재미'였다. '1등 하고 싶어서요', '2등을 많이 싫어하거든요.' 같은 말을 하기는 했지만, 이 말은 모두 재미를 강조하기 위한 말이다. 이규상이 나에게 한 표현을 있는 그대로 적으면 "내가 이 업계에서 짱 먹고 싶거든요. 누구 뒤 따라다니는 거 별로 안 좋아합니다!"라는 말이었다. 이 두 문장이 이규상의 성격을 대변한다고 볼 수 있다. 이규상의 화법은 복잡하지 않고 단순하다. 심플한 것을 좋아한다. 하고 싶은 것이 생기면 그 즉시 행동으로 옮겨야 직성이 풀리는 스타일이다. 그의 장점은 복잡한 생각을 단순하게 만드는 데 있다.

세상에 풀 수 없는 문제는 없다는 것이 이규상의 생각인데, 행동하지 않는 생각은 더 복잡한 문제를 만든다고 여긴다.

보통 아이디어가 좋은데 실행력이 없는 사람들은 혼자서 소설을 쓴다. 실행력이 없는 아이디어는 실행이 되지 않은 상태로, 더 좋은 아이디어로 생각을 정교화시키고 보강한다. 하지만 절대 실행하지 않는다. 심지어는 내가 그것을 당신보다 더 먼저 알았거나 도전했다고 여긴다. 제아무리 좋은 아이디어도 실행이 없다면 망상일 뿐이다. 이규상의 실행력은 생각하면 행동한다는 단순한 실천에서 나온다. 스타일만 보면 최정만과는 정반대의 사람이다. 최정만은 생각하는 인간이다. 단순한 것을 생각하게 만들어, 또 다른 아이디어로 연결시키는 능력을 가졌다.

생각도 많고, 아이디어도 많고, 질문도 많다. 카스에 비해 복잡한 캐릭터다. 답을 주기보다는 생각하게 만드는 것을 좋아한다. 다시 말해 질문형 인간인 셈이다. 최정만은 구성원들에게 'why?'에 대한 질문을 품기를 요구한다. 이 일을 왜 해야 하는지, 이걸 왜 이렇게 하고 있는지, 어떤 장점과 단점이 있는지, 이런 것을 생각하기를 원한다. 굳이 비유하자면 불편한 것들을 찾아 불편하지 않게 바꾸는 걸 좋아한다.

반면 이규상은 일단 저지르는 스타일이다. 똥인지 된장인지 찍어 먹어 봐야 직성이 풀리는 사람이다. 저질러봐야 문제가 있는지 없는지를 알 수 있다고 여긴다. 일단 저질러 보고 문제가 생기면 하나씩 해결하면서 완성도를 높여가는 스타일이다. 이규상도 질문형 인간이기는 하지만 최정만과는 결이 조금 다르다.

나는 이 둘의 모습에서 '이종교합'이 교묘하게 작동함을 느낀다. '이종교합'의 사전적 의미는 서로 다른 두 가지 장점으로 전혀 새로운 뭔가를 만들어 내는 것이다. 전혀 어울릴 것 같지 않은 이 둘의 조합이 잘 맞아 돌아가는 것은 아이러니하게도 '전혀 다름' 때문이다. 다름이 어울리지 못하면 상극이지만 서로 잘 버무려지면 아주 잘 어울린다. 다양성의 이해가 특이함을 만들어내는 것과 같다.

내가 청년들에서 희망적인 미래를 발견한 것은 공동의장인 이 둘의 조합 때문이다. 최정만의 창의적 능력과 생각하는 힘이 탁월한 것은 맞지만, 이것을 현실로 이루기 위해서는 이규상의 밀어붙이는 힘이 필요하다. 이규상은 욕심과 배포, 거기에 밀어붙이는 힘까지 가지고 있다. 하지만 이규상도 더 큰 목표를 이루기 위해서는 최정만 같은 사람이 옆에 있어야 한다는 것이 내 생각이다. 다시 말해 최정만에게 필요한 디테일과 행동하는 능력을 이규상이 가지고 있고, 이규상에게 필요한 꼬리에 꼬리를 무는 질문하는 능력을 최정만이 가지고 있다.

이건 이 둘을 관찰한 내 생각이었는데, 이들과 친해지고 나서 질문했을 때 둘은 환하게 웃으면서 내가 관찰한 시각이 정확하다는 반응을 보였다. 내가 보기에 이 둘이 이렇게 잘 뭉칠 수 있는 건, 자신의 약점을 너무 잘 알고 있어서다. 일반적으로 이런 유형의 사람들이 잘 뭉치지 못하는 건 자신의 강점에 너무 집중하고 있기 때문인데, 결국 이들은 서로를 통해 자신의 약점을 보완한 셈이다. 강점을 가진 사람이 강점을 펼치지 못하는 것은 약점의 벽을 넘지 못해서인데, 이들은 서로를 통해 약점을 보완한 것이다.

내가 이 두 사람에게 던진 질문, "왜 이렇게까지 하는 겁니까?"라는 물음은 세 가지를 알고 싶어서였다.

첫째, 현재 상태로 충분히 잘 먹고 잘살 것 같은데, "왜 이렇게까지 피곤하게 일을 벌이는 거예요?"라는 순수한 궁금증이었다. 이 질문의 의도는 이미 개업 세무사로서 만들 수 있는 최고 가성비를 만들었다고 보았기 때문이었다.

둘째, 둘이 성격이 완전히 다른데, "왜 이렇게 붙어 있는 거에요? 피곤하지 않아요?"라는 의미였다. 솔직히 전혀 다른 상대와 궁합을 맞추기 위해 감정을 조절하는 건, 매우 피곤한 일이다.

셋째, 이들의 진짜 진심을 알고 싶었다. 진짜 브랜드를 만들고 싶은 욕심을 가진 건지, 끝까지 밀어붙일 의지는 가진 건지, 생각에 유연성이 있는 건지가 궁금했다.

나는 세무법인들이 김앤장이나 삼일회계법인처럼 독보적인 브랜드를 만들지 못한 것은 분명 이유가 있다고 생각한다. 안 되는 것의 이유를 찾지 못하면, 되는 것의 이유도 찾을 수 없다. 나는 이런 생각이 상당히 합리적인 의문이라고 생각한다. 내가 관찰한 청년들의 모습은 쉼 없이 도전하고 있지만, 매번 같은 지점에서 같은 내용으로 넘어지거나 발목을 잡히고 있었다.

다시 말해 세무업이 가진 조직문화의 장벽을 넘지 못하고 있는 것으로 보였다. 이 부분에서 나는 내가 잘하는 것, 내가 가진 강점이 이들과 파트너가 될 수 있겠다고 여겼고, 청년들의 문화를 구성원들과 함께 만들어 가고 있다. 나는 청년들과 함께하는 동안 세무업이 경험해 보지 못한 끈끈한 조직을 만들어 볼 요량이다. 이것이 나의 욕심이고 청년들 그룹에서 꿈꾸는 일이다.

처음 최정만이 함께 일하자고 제안했을 때, '내가 이곳에서 할 수 있는 게 있을까?, 내가 이곳에서 부가가치를 낼 수 있는 일이 있을까?'라는 의문이 있었다. 하지만 나는 이규상과 최정만, 이 두 사람과 이야기를 나누면서 청년들 성장의 변곡점에서, 두 가지 중요한 역할을 할 수 있겠다고 생각했다.

하나는 청년들 조직문화의 실체를 만들고, 청년들의 꿈이 조직문화에 자연스럽게 스며들게 만드는 것이다. 이건 세무업 자체가 가지지 못한 문화이기 때문에 중요하다고 생각한다.

다른 하나는 청년들 회사의 콘텐츠를 만들고, 세무사들의 콘텐츠를 만들고, 구성원들의 콘텐츠를 만드는 일이다. 청년들을 고객에게 알리고, 청년들이 가진 능력을 고객에게 알리는 것은 중요한 일이라고 여기기 때문이다.

나와 같은 인간형은 일을 할 때 동기부여가 필요하다. 내가 잘하는 것으로 역할을 할 수 있겠다는 생각이 들면 합류하지만, 잘하는 것이 있어도 그 조직에서 역할을 할 수 없는 환경이거나 오너의 생각이 건강하지 않으면 섞이기를 싫어한다. 오너의 병정 역할을 하고 싶지 않아서다. 나는 동기부여에 아드레날린이 샘솟는 사람이다.

내 책 《하버드대학 토론수업》이 출간될 즈음 최정만은 내 책에 청년들에서의 프로필을 기재해줄 것을 요구했다. 솔직히 이때 조금 망설였다. 책의 저자에게 프로필이 중요한 문제다. 어떤 프로필은 만들어서라도 넣어야 하지만, 어떤 프로필은 넣는 것 자체로 손해가 되기 때문이다. 이건 출판사에도 그렇지만 작가에게도 조금 민감한 부분이다. 결국 프로필에 청년들의 이력 한 줄을 넣었다. 그렇게 한 이유는 최정만과 이규상을 도와 청년들을 세무업의 TOP 브랜드로 키울 욕심이 생겼기 때문이다.

나는 앞에서 언급한 질문으로 이 두 사람의 특이한 결합을 이해하게 되었다. 한 사람은 일을 재미있게 하고 싶어서, 한 사람은 업계의 판을 뒤집는 재미를 느끼고 싶어서라는 생각의 합이 맞은 것이다. 일과 일을 더하면 더하기의 값을 만들 수 있다. 그러나 재미에 재미를 더하면 곱하기의 값을 구하게 된다. 이 둘은 자석의 N극과 S극처럼 다르지만 서로 반대로 붙어서 주변의 사람들을 진공청소기처럼 빨아들인다. 이 둘이 함께 있어서 만들어낼 수 있는 시너지다. 부디 떨어지지 않기를 바란다. 나는 두 사람의 합에 동기부여를 가진 사람이니 말이다.

나에게 청년들과 함께할 수 있도록, 시동을 건 사람이 최정만이었다면, 청년들이라는 배에 더 적극적으로 가담하게 만든 것은 이규상이다. 책의 여러 곳에서 흔적을 찾을 수 있겠지만, 청년들이 함께 꿈을 꾸고, 행동으로 옮기고, 생각을 공유하는 것은 이 둘에 의해서 시작된다. 이 둘의 특이한 리더십이 없다면 청년들의 꿈은 동상이몽에 그칠 것이다. 그래서 조직문화 책임자인 나는 구성원들에게 시간이 날 때마다 '최정만과 이규상의 리더십을 중심으로 뭉쳐야 된다.'고 외치고 있다. 리더십에 대한 믿음, 신뢰, 지지가 없다면 우리와 같은 작은 기업은 성장할 수 없다. 뭉치지 않으면 모래알 같은 세무업의 특성을 넘어설 수 없다. 결국 이 둘의 합이 우리에게 중요한 사람을 빨아들이는 힘으로 작용한 셈이다.

2
세무법인청년들의 교육사업

청년들이 중요하게 생각하는 것 중 하나는 교육이다. 아이러니하게도 최정만과 이규상을 만남을 이어준 것도 교육이라는 형식과 공간이었다. 자신이 아는 것을 어떻게든 알려주고 싶었던 사람 최정만과, 모르는 것은 어떻게든 배워야 직성이 풀리는 사람 이규상의 합이 만났다. 사실 세무업의 본질로만 보면 최정만 보다는 이규상이 더 프로다. 그럼에도 이규상이 최정만과 함께하고 싶어했던 것은, 최정만이 가진 능력이 세무업의 본질에 가치를 더할 수 있다고 여겼기 때문이다. 나는 이 선택이 탁월했다고 여긴다. 최정만이 가진 건 세무업의 본질에 대한 능력치가 아니라, 세무업을 다르게 만드는 능력을 가지고 있기 때문이다. 이건 이들을 경험해 본 사람이라면 어렵지 않게 느낄 수 있다.

최정만과 이규상은 교육사업 부문을 드러내는 것을 부담스러워한다. 세무업을 창업하면서 알게 모르게 청년들의 교육과정을 거쳐 간 사람이 많고, 그중에는 알려진 세무사도 있기 때문이다. 그리고 세무업의 실무자 중에도 청년들의 교육과정을 받은 사람이 많다. 사실 교육과정들을 보면 청년들의 노하우를 퍼주는 것이 많다. 실력 있는 강사의 노하우를 그대로 연결시키는 것들도 많다. 최정만과 이규상이 이런 일을 아무렇지도 않게 벌이는 것은, 세무업을 처음 창업할 때의 고충을 알기 때문이다.

이들도 초기에 사업이 쉽지 않았다. 진짜 힘든 건 창업의 어려움이 아니라, 어려운 것도 아닌 것 같은데 알려주지 않는 것들 때문이었다. 그리고 이런 작은 걸림돌 때문에 실패하고 세무업을 떠나는 사람들이 있었다. 이 둘은 세무업이 이런 문화 때문에 더 폐쇄적으로 흘렀고 고립되었을 거라 여긴다. 이규상은 창업 초기를 생각하면 주변에 선배들은 많았지만, 딱히 물어 볼 사람이 없었다고 말한다. 그리고 물어 봐도 알려주는 사람이 없어서 고충을 겪었다고 회고한다.

신기하게도 이 둘이 교육에 대해 생각하고 말하는 것이 비슷하다. '이게 뭐라고, 알려주면 되지. 승부는 더 큰 걸로 걸어야지.', 사실 이런 부분은 교육으로 돈을 벌 수 있다고 해도 하기 쉬운 일이 아니다. 내가 아는 것을 모두 알려줘야 하고, 세무업을 하면서 알게 된 노하우를 모두 공개해야 한다. 게다가 교육사업 부문에서 수익을 내기 위해서는 모르는 건, 찾고 물어서라도 알려주어야 한다. 쉽다고 하는 사람들이 있겠지만, 이런 것은 결코 쉬운 일이 아니다.
　청년들 교육사업 부문의 시작은 신규 개업 세무사들이나, 어려운 세무사들을 돕기 위해서였다. 하지만 교육사업을 하면서 가장 큰 수혜자는 청년들 내부 직원이라는 것을 알게 되었다. 남들에게 알려주기 위해 만들었지만, 꼭 필요한 강의들이 탑재되어 있어 우리에게도 필요한 강의가 된 것이다. 청년들에 입사하면 교육사업 부문의 강의 대부분을 수강해야 한다. 실력의 상향평준화를 위해서는 어쩔 수 없다. 의식행위가 아니라 기본적인 실력을 갖춰야 하기 때문이다. 세무업의 특성상 타업종처럼 1~2개월 수습 기간을 거쳐서 알기 어려운 것들이 많다. 물론 선배들도 알려주지만, 기본적인 것들은 인강을 통해 배우게 만든다.
　우리는 이 과정을 통해서 서로에게 불필요한 시간을 줄인다. 그리고 실무를 하면서 배우고 선배에게 배우지만, 다시 고급 스킬을 교육 부문을 통해 배운다. 청년들은 이런 과정을 반복한다. 직원을 성장시키는 교육이 단지 세무업의 능력치를 올리는 것에만 있지 않기에, 리더십 교육, 매너 교육 등을 더해가고 있다. 교육사업이 커지면서 점차 눈을 돌리게 된 것이 고객이다. 이 부분에 대해서만큼은 돈보다 고객이다.
　세무사들이 관계하는 회사들이 대부분 중소기업이다. 중견기업도 있지만, 대단히 큰 회사라고 보기는 어렵다. 이런 중소규모의 회사들을 거래하면서 느낀 바는, 회사의 성장에 꼭 필요한 교육, 중요한 교육들이 있는데, 중소기업의 현실상 하기가 어렵다는 것이다. 필요성을 모르는 것이 아니라, 형식을 넘어 실질을 만들 교육에 투자할 비용이 만만치 않아서였다. 시간문제도 없는 것은 아니었지만 비용 문제에 기인하는 경우가 많았다.

그래서 청년들이 확장하고 있는 것이 중소기업을 위한 B2B교육이다. 혼자 하면 할 수 없지만, 우리가 섭외하고 교육을 진행하면 비용을 줄일 수 있다는 것에서 착안했다. 이 부분은 아직 기획 단계에 있고 준비 중에 있지만, 멀지 않아 시행하게 될 것이다. 우리는 이 일이 고객의 성장을 돕고, 그 일은 다시 청년들의 성장을 돕는 것으로 돌아올 거라고 여긴다. 청년들은 IT 개발 부문에 투자하는 시간과 비용만큼, 교육 부문을 중요하게 다루고 있다. 결국 이 투자는 청년들의 또 다른 성장동력이 될 것이다.

청년들은 길 만드는 것을 좋아한다. 없던 길을 만들어내는 것, 작은 길을 넓히는 것, 흙길을 아스콘으로 포장해서 도로를 만드는 것을 즐긴다. 그 도전 정신으로 2023년 하반기부터 준비해서 전산 경리 자격증을 만들었고, 필요한 기업과 사람들에게 보급을 준비하고 있다. 자격과 관련된 교재가 만들어지고 있고 강의도 준비되고 있다. 이 자격증 과정을 시작하게 된 것은 오로지 중소기업을 돕기 위해서이다. 중소기업은 경리업무가 매우 중요한데, 경리업무를 제대로 아는 사람이 많지 않다.

중소기업 취업자들이 가진 자격도 세무나 회계 관련 자격이 많다. 회계나 세무가 중요한 것은 맞지만, 중소기업에 진짜 필요한 업무능력과는 괴리가 있다. 이런 일이 벌어지는 건 지금껏 경리업무와 관련된 자격증이나 교육과정이 없었기 때문이다. 그래서 우리가 이 일을 벌이고 있다. 전산 경리 자격증은 철저하게 중소기업에 특화된 자격이다. 세무 기장을 외주하는 중소기업에서는 회사에 꼭 필요한 직원을 채용하는 기회가 될 것이고, 중소기업에 취업을 준비하거나 이직을 준비하는 사람에게는 꼭 필요한 자격을 취득할 길이 열리는 것이다. 우리는 이 자격이 단순히 자격 하나를 더하는 것이 아니라, 업무의 실질적 능력을 키우는 일이 될 것이라 믿는다.

ㅋ
세무법인청년들의
정책자금&경리업무 사업

청년들은 다른 세무법인과 다르게 여러 사업부를 가지고 있다. 이렇게까지 하는 이유는 단 한 가지다. 세무업의 기본기를 지키고 싶어서다. 세무업의 최강자가 되고 싶은 욕망 때문이다. 사람들이 세금을 쉽게 생각하는 이유는 세금은 신고만 잘하면 된다고 가볍게 취급하기 때문이다. 하지만 세금 문제는 그렇게 단순하지 않다. 세금 신고 프로세스 자체는 쉽지만, 세금이 또 다른 세금으로 연결되고 누적되는 과정을 거치면서 새로운 문제들이 생성된다.

대부분의 큰 세금은 세금과 세금의 융합 과정에서 폭발력을 가진다. 모르면 세금과 세금이 연결되는 과정에서 세금 폭탄을 맞고, 제대로 대응하면 세금이 융합되는 과정에서 적지 않은 절세를 할 수 있다. 다시 말해 우리가 세무업무를 넘어선 사업 부문을 운영하는 이유는 우리 고객에게 제대로 된 세무 서비스를 제공하기 위해서라고 할 수 있다. 결국 우리는 세금과 세금 사이에서 발생하는 문제를 풀기 위해 조직을 확장하는 것이다.

예를 들 수 있는 것은 많다. 기업 부설 연구소를 예로 들어 보자. 연구소를 설립하면 세금 감면을 받게 된다. 감면받는 세율이나 금액이 절대 적지 않다. 그래서 법인 컨설팅을 하는 곳들은 꼭 이 영역을 많이 건드린다. 회사의 실질과 관계없이 여건이 된다면 어떻게든 회사에 연구소를 설립하게 만든다. 연구소 설립이 되면 세금을 감면받게 되는데, 중소기업은 혜택이 크다. 문제는 설립 이후다. 설립하고 나면 자체적으로 관리해야 하는데, 그런 능력을 갖춘 회사가 별로 없다. 나중에 연구소 설립이 취소되고 세금 추징을 당하는 회사가 적지 않다. 연구소의 설립이 시작부터 거짓이어서 그런 경우도 있고, 관리를 잘 못해서 그런 경우도 있다.

연구소를 설립할 때는 허가 관청에서 서류를 검토해 쉽게 승인을 해준다. 연구소의 실질을 실사하기도 하지만, 그리 어려운 과정은 아니다. 이런 이유로 연구소 설립을 할 수 없는 기업인데도 마구잡이로 이런 일을 벌이기도 한다. 심지어는 연구소 승인을 받고 그 공간을 창고로 사용하기도 하고 다른 공간으로 사용하기도 한다. 매년 제출해야 하는 서류를 형식적으로 작성해서 제출한다고 해도, 실질이 거짓이라면 결국 세금을 모두 토해내게 된다. 국가의 시스템은 점점 더 가짜가 버틸 수 없게 진화하고 있다. 거짓으로 감면받은 세금은 그냥 토해내는 것이 아니라 과태료까지 물게 된다.

이런 일은 왜 생기는 것일까? 이건 세금의 영역일까? 아니면 컨설팅 영역일까? 생각하기에 따라 다르겠지만, 결국 세금의 영역이다. 하지만 대부분의 세무법인은 이 영역까지 고려하지 못한다. 우리는 거래하는 고객사에 이런 문제 자체가 생기는 것을 원하지 않는다. 연구소를 예로 들었지만, 이것과 비슷한 영역은 매우 많고 다양하다. 심지어는 기업의 정관, 이사회와 주주총회, 형식과 실질, 자동차 보험에서 CEO 보험까지 세금에 촘촘하게 연결되어 있다.

그 영역은 크고 방대하다. 우리가 이 영역을 건드리는 것은 수입의 극대화를 위한 것이 아니다. 우리 고객이 취할 것과 취하지 말아야 할 것을 구분해서 알려주기 위해서다. 회사가 거래하는 세무 대행업체가 있는데, 세무사가 아니라 전혀 관계가 없는 곳에서 별도의 컨설팅을 받아 세무사 사무실과 다른 움직임을 가지는 것도 우스운 일이다. 서로 신뢰 관계를 만들지 못한 세무업의 문제도 적지는 않다.

이것 말고도 정책자금에 대한 부분이 있다. 잘 모르는 고객들은 자신의 회사에서 건드리면 안 되는 영역까지 욕심을 내기도 한다. 대표들끼리 알음알음 정보를 공유하기도 하고 검증이 되지 않은 이상한 컨설팅업체의 도움을 받는 경우도 많다. 하지만 이런 경우의 문제가 생각보다 많이 발견되고 있다. 심지어는 우리 거래처에서도 발견이 된다. 환급받은 세금이야 뱉어내면 되고 문제가 있으면 과태료를 내면 그만이라고 생각할 수 있지만, 그런 절차를 밟기 위해 들어간 시간과 노력까지 생각하면 회사에 이로운 일이 아니다. 이런 일이 반복되어 쌓이면 회사는 세금 블랙리스트로 낙인이 찍힌다. 국세청의 관심 대상이 되는 것이다. 회사를 떳다방처럼 운영할 것이 아니라면, 조심해야 하는 일이다.

우리는 그런 이유로 몇 개의 사업부를 가진다. 그중 하나의 부서가 정책자금 & 경리업무 사업 부문이다. 해당 사업 부문은 두 가지에 대해 강점을 가지고 있다. 가장 강력한 능력은 경리업무에 대한 아웃소싱이다. 이 부분에 대해서는 타의 추종을 불허한다. 우리가 이 영역에 발을 들인 것은, 회사의 경리업무 수준이 너무 낮은 곳이 많았기 때문이다. 작은 회사 중에는 경리업무의 중요성을 알지만, 현실적으로 잘하기 어려운 사정들이 있다.

그래서 중소기업의 경리업무을 돕다가 만들게 된 것이 경리업무 아웃소싱 사업 부문이다. 경리업무는 세무업무와 밀접하게 연결되어 있다. 매우 중요한 업무라는 말이다. 제아무리 세무 실력이 출중한 세무법인과 거래해도, 경리업무가 뒷받침해주지 못하면 업무에 충돌이 생긴다. 이런 사소한 차이는 앞에서는 작고 뒤에서는 큰 문제들을 만들어낸다. 그리고 이런 내용들이 쌓이면 호미로 막을 일을 가래로 막아야 하는 일이 생긴다. 해당 사업 부문은 이런 일을 최소한으로 줄이는 것이 목적이다. 고객의 입장에서는 적은 비용으로 경리업무의 전문가를 사용할 수 있는 이익이 있다. 반면 우리는 경리업무와 세무 기장의 차이, 오차를 없애고 실수를 줄일 수 있다. 사실 이건 매우 큰 문제다.

　두 번째는 정책자금에 대한 매칭 능력이다. 우리 거래처에 어떤 정책자금을 사용할 수 있는지, 어떤 것을 패스해야 하는지 검토하고 조언한다. 정책자금 부분도 컨설팅하는 곳들이 비싼 수수료를 받고 진행하는 곳들이 많다. 이익을 주고 대가를 받는 것이야 문제될 것은 없지만, 정책자금을 수혈받은 이후의 관리가 전혀 이루어지지 않는 것은 문제다.

　우리는 해당 사업 부문을 통해 세금부터 경리업무, 정책자금 연결까지 'ONE-STOP' 서비스를 제공한다. A부터 Z까지 세무법인 청년들이라는 한 회사를 통해 모든 관리가 가능하게 만들었다. 고객사의 입장에서는 적은 돈으로 가장 큰 효율을 낼 수 있는 일이다. 거래처 기업이 가지는 더 큰 이익은, 회사 경영의 전 분야에 대해 소통이 가능해지고 조언을 얻을 수 있다는 것이다.

4
실패보다 큰 리스크,
사업의 성공을 말하는 칼린

칼린은 청년들이 자랑하는 파트너 세무사다. 업무적인 실력이 출중하고 태도도 좋다. 조직이 어려움과 진통을 겪을 때, 일부 세무사와 직원들은 자신의 이익을 앞세웠고, 챙길 수 있는 이익을 다 챙긴 다음에는 청년들을 떠나갔다. 이런 경우가 종종 있었다. 그 사람들의 그런 행동을 탓할 수는 없다. 그런 선택이라 할지라도 존중받아야 하는 선택이기 때문이다.

하지만 신기하게도 조직에 해를 끼치고 떠나는 사람은 남아 있는 사람들을 흔들고 떠나는 기이한 행태를 보이기도 한다. 아마도 자신의 선택에 대한 타당성을 보이고 싶어서 일 것이다. 그런 유혹을 가장 많이 받은 사람이 칼린이었을 것이다. 이유는 몇 가지가 있지만, 사설이라 생략한다.

그럼에도 칼린은 청년들의 구성원들에게 힘을 보태는 방법을 선택했다. 언제나 웃어주며 힘내보자고, 우리 함께 만들어 보자고, 우리는 할 수 있다고 말한다. 사람이 하기 어려운 것 중 하나가 한결같음인데, 칼린은 이 어려운 걸 몸소 보여주는 사람이다. 청년들이 가장 두려워하는 것은 변질이다. 누구나 좋은 생각을 할 수는 있지만, 좋은 생각을 오랫동안 변질 없이 유지하기란 쉽지 않다. 우리는 고객에게 가졌던 첫 마음을 지키는 것이 중요하다고 여긴다. 칼린은 청년들의 정신을 공유한 보석이라 할 수 있다.

칼린이 청년들과 함께하는 이유도 바로 '재미' 때문이다. 앞에서도 여러 번 언급했는데, 청년들 내부에는 재미 때문에 합류한 사람들이 꽤 많다. 놀이로서의 재미가 아니라, 일에서 가진 목표를 달성해가는 재미를 말한다. 최정만이 청년들을 만든 것, 이규상이 청년들을 만든 것, 작가이자 리더십 강사로 소통연결자인 내가 청년들에 합류한 것, 기획자인 크롬이 PM으로 합류한 것, 대기업 전문경영인 출신 데이빗이 청년들의 경영자문을 해주는 것, 우리가 모인 건 모두 재미 때문이다.

칼린은 세무업을 하면서 만났던 대표들에게서 발견한 리스크를 줄여주는 것이 재미있다고 말한다. 아무리 말해도 진심을 몰라주는 대표들을 만나면 안타깝지만, 세금의 사이즈를 잘 관리해주어서 고맙다고 말해주는 대표들을 만나면 행복해한다. 칼린은 이럴 때 '아, 내가 세무업을 선택하기를 참 잘했구나!'라고 생각한다. 세무를

업으로 하는 사람 중, 이런 건강한 생각을 가진 이는 얼마나 될까?

칼린은 쇼핑몰업과 법인전환의 스페셜 리스트다. 세무사가 되면 세금과 관련된 모든 일을 할 수 있는 자격이 생긴다. 잘 알지 못해도 모든 일을 처리하는 사람은 많다. 하지만 전문성은 한 분야를 오래도록 탐구해야만 가능하다. 칼린 역시도 모든 부분을 다 다룰 수 있다. 하지만 칼린은 쇼핑몰업과 법인전환에 있어서는 프로다. 쇼핑몰업을 가장 잘 알고 가장 잘 다룬다. 더 중요한 건 칼린이 가진 진정성이다. 실력이 출중해도 일에 애정이 없는 사람은 자신의 이익이 되는 쪽으로 모든 기술을 사용한다. 하지만 칼린은 고객의 입장을 잘 읽어주는 세무사다.

"대표님, 진짜 사업이 잘되면 어쩌시려고 그래요?"

이 말은 칼린이 가장 많이 사용하는 말이다. 칼린은 사업은 너무 잘 됐는데, 세금 때문에 실패한 이상한 일을 몇 차례 경험했다. 아이러니하지만 세무사들은 이런 케이스에 대한 경험을 가진 사람들이 많다. 칼린은 여러 사업자들을 만나면서 안타까운 상황을 많이 경험했다. 우선 사업이 잘되지 않아서 폐업하는 대표들을 보면 마음이 좋지 않았다. 이런 경우 마음은 안쓰럽지만, 세무사로서 해줄 수 있는 것이 별로 없다. 고작 해줄 수 있는 것은 최대한 폐업 세금을 줄여주는 것이 전부다.

하지만 진짜 마음이 아픈 것은 다른 상황이었다. 충분히 세금을 줄일 수 있는데, 고집을 부리다가 세금 폭탄을 맞는 대표들이었다. 대개 이런 사람들은 세금을 맞고 나서 국가를 탓한다. 안타까운 일이다. 국가의 문제가 아니라, 세금에 제대로 대응하지 않은 개인의 문제이기 때문이다. 매출은 많이 올랐는데, 세금으로 거의 다 지출해 버리는 기이한 일을 보면 안타까움을 느낀다. 신기하게도 이런 일이 생각보다 빈번하다. 이유는 여러 가지지만 사업자들이 세무사를 믿지 못해서 일어나는 경우도 종종 있다.

사업을 시작하는 사람들은 '혹시 실패했을 때 어떻게 하지?'라는 부분에서는 고민을 많이 한다. 그리고 실패를 대비한다. 반대로 '혹시 내 사업이 너무 잘되면 어떻게 하지?'라는 고민은 하는 대표는 거의 만나 보지 못했다. 막연히, 그런 고민을 해야 할 일이 생긴다면 행복한 거지라는 생각을 하는 사람 정도만 있다. 사업자가 사업에 실패하는 건 너무 슬픈 일이지만, 사업에 성공해서 실패하는 건 안타까운 일이다.

"사업의 진짜 리스크는 실패가 아니라 갑작스러운 성장이다."

사업자들이 이 부분을 잘 생각했으면 좋겠다. 칼린은 사업자들에게 이 말을 꼭 들려주고 싶어한다. 사업에 실패해서 폐업하는 건, 대부분 같은 절차를 거친다. 솔루션에 별 차이가 없다. 하지만 매출이 높아지거나 갑자기 돈을 많이 벌게 되면 솔루션이 매우 다양하다. 전문가에 따라 처방하는 방법도 사용하는 방법도 다르다. 어떤 방법은 나중에 문제가 되고, 어떤 방법은 전혀 문제를 만들지 않는다.

가장 먼저는 어떤 전문가를 만나느냐도 중요하다. 다음은 사업을 시작할 때부터 잘될 때를 미리 대비해야 한다는 사실이다. 사업을 한다는 건, 사업으로 돈을 벌고 싶다는 욕망 때문에 하는 것이 아니었던가? 세금은 매출액이 높아지기 전에, 돈을 벌기 전에 미리 설계되는 것이 가장 좋다. 그리고 줄일 수 있는 세금도 많다.

칼린은 그림으로 절세하는 방법을 컨설팅하는 전문가이기도 하다.

5
나를 넘어서기 위한
최고의 선택, 고양 일산지점 김진우

2023년 12월, 청년들은 영등포 소재의 컨벤션 홀에서 전 직원이 모여 송년회를 진행했다. 어느 기업이나 마찬가지겠지만, 우리처럼 성장을 꾀하는 회사에서는 이런 시간이 유독 중요하다. 아직은 작은 규모지만 수도권을 포함한 일산, 수원, 천안, 춘천, 부산 등 전국에서 모인 구성들과 얼굴을 마주하며, 업무가 아닌 재미를 가미해 비전을 공유하고 소통할 수 있는 거의 유일한 시간이기 때문이다. 이날 행사는 오전 10시부터 오후 4시까지 여러 가지 기획으로 진행되었다.

꼭 초청해서 듣고 싶었던 김창옥 교수의 특강이 있었고, 청년들의 의장인 조셉과 카스의 스탠딩 스피치가 있었다. 이 시간과 공간을 통해 우리는 청년들의 비전을 선포하고 공유하는 시간으로 삼았다. 우리가 성공한다면, 2023년 송년 행사는 청년들의 매우 소중한 추억으로 회자될 것이다. 김창옥 교수의 강의가 끝나고 최정만과 이규상이 스피치를 하기 바로 전, 사회자가 말했다. "장기자랑의 시간이 도래했습니다." 사회자는 앤디와 칼린이었는데, 이날 이들의 입담은 마치 전문 사회자같았다.

원래 내부 일정에 있던 시간이기는 했지만, 끼 부릴 사람들을 특별히 준비는 하지 않은 상태였다. 회사에서의 행사 경험이 있는 사람은 알겠지만, 장기 자랑할 사람을 준비되지 않은 채로 진행하는 이 시간은 잘못하면 행사 실패의 시간이 될 수 있다. 사회자 앤디와 칼린은 자신이 있었던 것 같다. 나중에 질문 해 보니 만약 지원자가 없으면, 본인들이 노래를 부르거나 춤이라도 출 생각이었다고 너스레를 떨었다. 신기하게도 이 둘이 "지금부터 장기자랑 시간입니다."를 외치자마자, 지원자가 손을 들었다. 고양 일산지점의 희도였다. 희도는 무대에 오르자마자 노래를 한 곡 하고 내려가겠다고 말했다. 이때 그의 손에는 탬버린이 꼭 쥐어져 있었다.

사회자가 물었다.

"이 탬버린은 뭔가요? 행사장에 있는 물건이 아닌데요."

희도가 대답했다.

"네. 혹시 장기자랑에 참여하게 되면 사용하려고 준비한 물건입니다. 오늘 이 시간을 위해서 지인의 노래방에서 빌려왔습니다."

연회장은 한바탕 폭소로 뒤덮였다.

희도는 이날 왼손에는 탬버린, 오른손에는 20cm짜리 마이크 하나를 들고 청중을 쥐고 흔들었다. 희도라는 괴물이 혼자 튀어나와 청중을 뒤흔든 것이 아니라, 고양 일산지점의 구성원들은 우레와 같은 함성과 박수로 지원사격을 했다. 이런 일이 사전에 준비한다고 해서 가능할까? 희도를 시발점으로 청년들의 직원들이 나와서 서로의 장기를 뽐내며, 시간과 장소를 즐겼다. 모두가 돋보였지만, 이날 특별히 더 돋보였던 사업부는 고양 일산지점이었다.

  나는 이런 문화가 흥을 가진 한 사람이 만들 수 있는 것이라 보지 않는다. 고양 일산지점은 '모든 것을 함께'라는 문화를 가지고 있다. 물론 청년들의 문화이기도 하다. 여기서 함께라는 의미는 리더는 앞장서고, 동료들은 신뢰로 함께 일하고, 앞 사람이 힘들어하면 뒷사람이 밀어주고, 뒤로 쳐지는 사람이 있으면 앞 사람이 손 내밀어 주는 것을 말한다. 이 '함께'의 문화로 동료를 응원해주는 것이다. 이런 문화는 리더부터 말단 직원까지 모두 마음이 통해야 가능한 일이다. 이런 청년들의 문화를 고양 일산지점에 공유하고 싶은 사람, 리더십을 책임지는 사람이 김진우 세무사다.

  내가 김진우 세무사를 처음 만난 것은 영등포 본점에서 책 쓰기 수업을 할 때다. 김진우는 첫인상부터 좋았다. 준수한 외모에 저음 톤을 가진 목소리도 좋았다. 인상으로 사람의 전부를 알 수 있는 것은 아니지만, 청년들은 인상도 중요한 부분으로 생각한다. 외모를 말하는 것이 아니라 인상이 태도까지 연결이 된다는 생각을 가졌기 때문이다. 다시 말해 좋은 태도를 가져야 하는데 이것에 대해서는 리더부터 말단까지 같은 기준을 가지고 있다.

　김진우를 두 번째 만난 것은 춘천 연수원에서 실시한 청년들의 멘탈 시리즈 교육에서였다. 이날은 청년들의 리더 그룹의 교육이 있었는데, 김진우는 1박 2일의 교육시간 내내 반짝거렸다. 첫날 마지막 교육을 마치고 소감을 발표하는 시간이 있었는데, 이날 김진우가 청년들의 비전에 합류한 이유와 마음을 들려주었다.

　"나는 개업 세무사로서 꽤 성공했다고 볼 수 있습니다. 기장업체도 많고 직원들도 안정적으로 자리 잡았습니다. 그리고 세무사들이 쉽게 접근하지 못하는 법인 컨설팅으로 어느 정도 인지도를 만들었습니다. 나는 욕심이 많은 편이 아닙니다. 사실 모든 부분에서 만족스러웠습니다. 하지만 '세무업을 좀 더 재미있게 할 방법은 없을까?', '좀 더 프로페셔널하게 할 방법은 없을까?' 이 부분은 늘 가려운 부분이었습니다. 거기에 더해 우리 직원들과 함께 꿈을 꾸고 우리 직원들이 더 발전적인 삶을 살면 좋겠다고 생각했습니다. 그리고 이들의 삶도 좀 더 윤택했으면 좋겠다는 생각도 했습니다. 그러다 건강한 꿈을 꾸는 청년들, 남들이 생각하지 않은 방법으로 혁명을 꿈꾸는 청년들에 합류하게 되었습니다. 이제 와서 말하지만 내 선택이 참 좋은 선택이었다고 생각합니다. 사실 나를 넘어서기 위한 선택이었는데, 아주 잘한 선택이었다고 말하고 싶습니다. 사실이니까요. 우리 청년들이 다른 곳들과 다른 것을 하나둘 만들어

가는 것을 보며, 우리의 미래를 함께 꿈꿔 봅니다. 청년들은 단순한 합이 아니라, 정확한 정체성을 가진 하나의 회사이기 때문입니다."

그리곤

"내가 그리고 우리가 청년들입니다."

고양 일산지점을 책임지고 있는 김진우가 던진 이 말은 청년들의 리더들을 그리고 구성원들을 더 한마음으로 뭉치는 데 큰 역할을 했다. 내가 글로 옮긴 김진우의 말에 감정을 다 싣지 못한 것이 미안하다. 이럴 때는 내 글의 한계를 느낀다. 나는 이날 뭉클했다. 이 감정은 나만이 느낀 것은 아닐 것이다. 청년들의 미래는 이런 순간순간에 담겨 있다.

6
세무법인청년들의 IT 개발 이야기

국제학술지 《네이처(Nature)》가 2023년 세계 과학계에서 큰 화제를 불러일으킨 인물을 선정하는 네이처 10에 10명의 과학자와 생성형 인공지능(AI) 챗 GPT가 선정됐다. 네이처가 네이처 10에 사람이 아닌 도구를 선정한 것은 이번이 처음이다. 챗 GPT를 포함한 생성형 인공지능 프로그램은 과학자들이 일하는 방식을 바꾸고 있다. 사람이 아닌 도구를 네이처 10에 선정한 것은 챗 GPT가 영향력을 끼치지 않는 분야가 없기 때문이다.

챗 GPT는 2022년 말부터 뉴스의 주요 키워드가 됐고, 그 영향력을 사회를 넘어 사회 전반에 미친다. 이건 어마어마한 일이거나 매우 무서운 일이다. 챗 GPT의 등장 전, 주식시장에서 몇 년 동안 뜨거웠던 키워드는 '디지털 전환'이라는 것이었다. AI의 등장은 디지털 전환이라는 말을 매우 가볍게 만들어 버렸고, 이제는 디지털 전환을 당연한 것으로 여기는 사람이 많아졌다.

하지만 우리는 이것을 다가올 위기나 기회라고 인식하고 있을까? 청년들은 이제는 크게 변화하지 않으면 살아남지 못한다는 의미를 찾는다. 다시 말해 디지털 전환은 승부의 문제이면서 생존에 직접적인 영향을 끼치는 문제이기도 한 것이라 여긴다.

청년들 IT 개발의 시작은 남들과는 다르게 하겠다는 욕망 때문이었다. 우리를 움직인 것은 생존에 대한 일차원적인 문제는 아니었다. 남들이 하지 못하는 일을 하고, 남들보다 탁월한 서비스를 제공하고 싶어서 시작한 일이다. 하지만 이 일을 하면 할수록 이건 세무업의 생존 문제가 연결되어 있다는 생각이다. 변하려는 의지가 아니더라도 생존을 위해서 디지털 전환에 관심을 가져야 한다. 만약 기존의 편안함에 매몰되어 있다면 향후에는 생존이 불가할 수 있다.

물론 청년들의 유난스러운 생각일 뿐이다. 하지만 누군가 업계의 사람이 청년들의 글을 읽었다면 스스로 생각해 보는 계기가 되었으면 한다. 그거면 충분하다. 청년들이 세무업 대변혁을 위한 시스템을 개발하면서 느낀 것은 단순한 개발로는 한계가 있다는 것이었다. 세무업의 근본을 이해하지 못하는 개발사, 우리가 개발하고자 하는 근본을 이해하지 못하는 개발사, 이해는 하지만 그 이상을 생각하지 못하는 개발사, 생각한다 해도 그 이상을 해줄 의지도 없는 개발사를 보면서 한계를 느꼈다.

청년들이 내부에 IT 개발 부문을 두려고 욕심을 가지게 된 이유다. 청년들은 2년 이상의 청년들만의 시스템을 개발하면서 많은 우여곡절을 겪었다. 짧은 시간이었지만 실패하고 재도전했고, 개발했지만 결과물을 갈아엎고 다시 개발하기를 반복했다. 이것이 가능했던 건 청년들의 내부에 개발팀이 있었기 때문이다. 처음에 겪었던 우여곡절이 우리에게는 행운이었다. 그로 인해 IT 개발 부문을 지금처럼 가까이 두게 되었다.

청년들에 개발팀을 두게 된 건 청년들의 IT 기획자, PM인 크롬의 인연에서 시작되었다. IT 개발 부문의 책임자는 제이슨인데, 이 모든 만남이 크롬과 연결이 된다. 이 둘과의 만남은 청년들에게 있어서 큰 행운이다. 청년들은 지금 세무업의 생태계를 바꿀 '블루홀'을 사용 중인데, 이들이 있어서 청년들의 기반이 될 시스템의 개발이 가능했다. 청년들에는 여러 사업부가 있지만, IT사업 부문은 세무업의 근간을 달라지게 만들 중심에 서 있다고 할 수 있다. 2023년 9월 우리는 블루홀의 베타버전을 완성했다. 지금은 직원들의 사용을 통해 수정해가는 과정에 있다.(2024년 현재 블루홀은 2.0까지 버전업 되었다) 우리는 이 과정을 만들 때 들였던 공만큼 중요하게 다루고 있다. 완성된 버전을 사용할 때, 청년들은 AI를 장착한 세무업의 민첩한 공룡이 될 것이다.

7
준오헤어를 벤치마킹하다

청년들은 강윤선 대표가 창업한 미용실 대표 브랜드 '준오헤어'를 롤모델로 삼고 있다. 이유는 매우 단순하다. 준오헤어의 시스템이 청년들에게 나아갈 바를 알려주기 때문이다. 우연히 발견한 사실이지만 청년들이 만들려고 했고, 만들고 있는 거의 모든 시스템을 준오헤어가 가지고 있다. 청년들의 입장에서는 매우 고마운 일이다.

업의 외형적인 모습만 가지고 보면 이질적인 부분이 있지만, 미용업과 세무업은 매우 닮아 있다. 더 정확하게 말하면, 강윤선 대표가 준오헤어에 심어놓은 시스템이 세무업이 가야 할 방향을 제시하고 있다고 보아도 무방하다. 유일한 해답은 아니겠지만 준오헤어를 벤치마킹하지 않으면 세무업은 발전하기 어렵다는 것이 청년들의 견해다. 청년들은 강윤선 대표가 만들어 놓은 준오헤어의 시스템에서 힌트를 얻고 있다.

 미용업은 디자이너를 중심으로 하나의 팀으로 뭉쳐 있는 구조다. 기본적으로 디자이너가 흥해야 스태프들이 흥하는 구조다. 다시 말해 스태프들은 디자이너를 흥하게 만들어야 한다. 반대로 디자이너는 스태프들을 흥하게 만들어야 흥하는 구조다. 결국 해답은 고객에게 있다는 말이다. 흥과 흥이 만나면 고객을 춤추게 할 수 있지만, 서로 만나지 못하면 고객과는 영원히 안녕이다. 너무나 지당한 말이다. 세상에 존재하는 사업 중 고객의 영향을 받지 않는 곳은 단 한 곳도 없을 것이다.

 그러나 미용업만큼 즉각적으로 반응하고 바로 알 수 있는 업은 흔하지 않다. 미용업은 팀 전체가 경제적 공동체로 연결되어 있다. 보통은 디자이너 한 명에 스태프 2~3명이 팀으로 뭉쳐 있다. 모두 그런 것은 아니지만, 디자이너의 수입은 꽤 높은 편이다. 반면 스태프들은 고작 최저임금 수준의 임금을 받는다. 디자이너들도 연차나 실력에 따라 수입은 천차만별이다. 게다가 같은 서비스를 제공하고도 고객에게 받는 비용도 제각각이다.

 같은 서비스를 제공하고 어떤 사람은 20만 원을 받고 또 어떤 사람은 10만 원을 받는다. 결국 이 금액을 결정하는 중요한 요소는 고객이다. 오직 고객의 경험만이 결정권을 가졌다. 고객에게 인기가 높으면 비싼 금액을 받고, 인기가 적으면 비싼 금액을 받을 수 없다. 이건 욕망을 가진 이들을 움직이기에 꽤 매력적인 시스템이다.

미용업에 종사하는 사람들은 디자이너와 스태프의 차이를 당연하게 여긴다. 그리고 머리 손질을 잘하고 실력이 뛰어난 디자이너와 그렇지 않은 디자이너의 차이를 인정한다. 결국 미용업은 디자이너가 팀장이고 수입의 근원인 셈이다. 하지만 스태프 또한 디자이너만큼 중요하다. 디자이너의 실력이 뛰어나도 옆에서 돕는 스태프가 받쳐주지 못하면 자신의 몸값을 올릴 수 없다. 고객 만족이 불가능한 것은 당연한 일이다.

사실 일반 기업과 비교한다면, 스태프의 근무환경은 매우 열악하다. 하지만 이들은 일반적인 직장인들보다 분명한 목표를 가지고 있다. 나도 디자이너가 되면 수입이 많아질 거라는 기대, 디자이너가 되겠다는 목표를 공유하는 것이다. 만약 이런 비전이 없다면, 이들이 미용업에 있을 매력은 별로 없다. 대충 시간만 때우다 갈 사람이 미용실에 근무하는 건 시간 낭비다. 배우지 않고 노력하지 않으면 성장할 수 없는 구조인 이유다.

디자이너는 스태프와 다를 것 같지만 이조차 매우 흡사하다. 디자이너의 실력이 부족하면 손님이 붙지 않는다. 시간이 지나면 단골이 쌓여야 하는데 이조차도 불가능해진다. 이렇게 되면 자연스럽게 디자이너는 수입이 줄어든다. 디자이너의 수입이 줄어들면 스태프를 둘 수 없거나 스태프를 줄여야 한다. 빈곤의 악순환이 계속되면 디자이너는 결국 회사를 떠나야 한다. 이런 부분은 일반 기업에 비해 매우 직관적으로 작용한다.

기업은 개인의 능력을 오너 또는 일부의 상사가 평가하지만, 미용업의 가장 영향력 있는 평가자는 고객이다. 일반 기업에 비해 평가의 객관성은 더 높다는 말과 연결이 된다. 디자이너는 리더십도 좋아야 한다. 결국 직원들은 리더에 의해 열정을 얻기도 하고 잃기도 하기 때문이다. 디자이너의 실력이 아무리 좋아도 인성이 별로라거나 스태프의 마음을 얻지 못한다면, 팀의 업무 품질을 일정하게 가져갈 수 없다.

이건 매우 무서운 말이다. 디자이너도 스태프도 함께 노력해야 한다는 말이기 때문이다. 우리가 미용업 중 특별히 준오헤어를 벤치마킹하는 것은, 좋은 시스템을 가졌기 때문이지만 건강한 팀 문화를 가졌기 때문이기도 하다. 그들이 만들어 놓은 결과물을 단순히 카피해서는 그들과 같아질 수 없다. 그들의 시스템을 자세히 들여다 보면 따라 할 수 없는 것들이 많다. 많은 것이 다르고, 비슷해 보이지만 디테일이 다르다.

준오헤어는 독서경영을 하는 조직으로 유명하다. 업계에서 가장 먼저 독서경영을 시작했고, 가장 오래도록 이어오고 있다. 미용업 중에도 이 방법을 따라하던 조직들이 다수 있었는데, 거의 실패했다. 강윤선 대표는 독서경영이 주는 이로움에 대해서는 신앙과 같은 믿음을 가지고 있다. 우선 다른 조직들과 디테일이 다르다. 조금 다르다고 평가하는 시각도 있지만, 디테일이 다르다는 건 전부 다른 것과 같다. 준오헤어는 매우 유별난 공유와 협업 문화를 가지고 있다. 이것 또한 발견하기도 어렵지만 따라 하기도 어렵다.

도전하는 개인이나 집단들이 만들어 놓은 모든 결과물 대부분은 오픈되어 있다. 누구나 가져갈 수 있고 누구나 사용할 수 있다. 그래서 많은 이들이 성공한 방법들을 배우고 따라한다. 그럼에도 카피가 되지 않는 것은 그들의 노력과 디테일을 간과하기 때문이다. 대부분은 정신과 문화를 건너뛰고 시스템만 따라한다. 때로는 오픈된 소스를 통해 지름길로 갈 수 있는 것이 있지만, 시간을 들이지 않고는 절대 안 되는 것도 있다. 특히 정신과 조직문화 영역이 그렇다. 우리 역시도 이 부분을 간과하면 준오헤어의 시스템을 흡수할 수 없을 것이다.

청년들은 성공을 중요시한다. 어느 조직보다 성공에 대한 욕망이 높은 조직이다. 하지만 우리는 정신과 문화를 더 중요하게 여긴다. 그래서 소중하게 다룬다. 목표한 것은 언제든 실패할 수 있다. 하지만 건강한 정신과 문화가 있다면 얼마든지 다시 일어날 수 있다. 건강한 조직문화가 받쳐주지 못하면 목표에 근접한다 해도 중요한 순간에 무너진다. 청년들이 가장 많은 시간을 투자하고 소통하는 것이 바로 정신과 문화다. 청년들은 팀을 중심으로 모든 그림을 그린다.

이것이 처음부터 잘 됐던 건 아니다. 일반인들이 볼 때는 팀으로 운영하는 것을 평범하게 바라볼 수 있지만, 세무업의 특성을 알면 바라보는 시각이 달라질 것이다. 세무업에는 팀제로 운영하는 곳이 거의 없다. 이건 사무장 제도에서 팀제로 바꾸는 것이 아니라, 세무업의 문화를 통째로 바꾸는 일이기 때문이다. 팀제로 바꾸었던 세무업 중에는 포기하고 원래대로 되돌아간 곳이 많다. 책의 여러 부분에서 언급했지만, 세무업이 각자도생의 환경을 가진 이유다. 능력이 좋은 사람에게는 편한 구조일 수 있지만, 함께 성장하려는 사람에게는 매력적인 구조가 아니다.

준오헤어 강윤선 대표는 직원들의 교육에 진심이다. 교육 시스템을 가장 잘 갖추고 있고, 대표와 디자이너 간의 신뢰, 디자이너와 스태프 사이의 신뢰가 강한 조직이다. 강윤선 대표는 이 문화의 근원을 독서와 교육, 소통에 있다고 말한다. 미용실은 사실상 비즈니스화가 불가능한 업종이라는 말이 있다. 미용업 자체가 어느 정도의 실력을 갖추면 독립해서 작은 시스템으로 먹고살기 쉬운 구조와 무관하지 않다. 프랜차이즈화를 시킨 몇 개의 브랜드가 있기는 하지만, 정체되어 발전하지 못하고 있다.

그럼에도 준오헤어는 꾸준한 성장세를 보이고 있다. 준오헤어가 선택한 방법은 직영점과 프랜차이즈의 중간 형태다. 회사와 개인이 함께 투자하는 구조인데, 실력이 검증된 사람과 일정한 시간을 함께 한 사람에게만 기회를 준다. 이 전략은 사세를 꾸준히 확장하면서도 준오헤어의 독서와 교육, 소통 문화가 유지하는 근간이 된다. 다시 말해 생각과 행동, 실력에 일정한 품질을 보장한다는 것이기도 하다.

세무업은 무서울 만큼 미용업과 닮아 있다. 기업회계를 중심으로 움직이는 회계업과는 많은 부분이 다르다. 회계업은 각개전투가 불리하지만, 세무업은 각개전투가 유리한 업종이다. 이건 세무업의 장점이자 발목을 잡는 단점인 셈이다. 뭉치기는 어렵지만 독립은 쉽다. 여차하면 뛰쳐나가 창업해 버리는 구조다. 욕망을 가진 세무법인 수장이라 할지라도 여차하면 나가버리기 때문에, 구성원들에게 어려운 것을 요구할 수 없다. 우리가 바꾼 것들은 이런 것들이다. 아무나 할 수 있는 것이라면 애초에 도전조차 하지 않았을 것이다.

 최정만과 이규상이 나에게 청년들의 조직문화를 맡아달라고 부탁한 것도 같은 맥락이라고 생각한다. 중요하게 다루어야 할 부분이고, 새로운 시각이 필요한 부분이라 여긴다. 장담할 수는 없지만, 준오헤어가 가진 문화보다 더 강력한 문화를 입히고 싶다.

Chapter

세무법인청년들이 품은
별, 그리고 유난함

1
100명의 전문가로 이루어진 법인 컨설팅 펌

하나, 우리는 세무업의 독보적 1위가 될 것이다.
하나, 우리는 2033년, 1,000억 원의 매출을 달성할 것이다.
하나, 우리는 2028년, 100명의 전문가로 이루어진 컨설팅 회사가 될 것이다.

이 세 가지는 청년들이 매월 월례 미팅에서 모두 함께 외치는 구호다. 현재 오프라인과 온라인으로 참여하는 회의 인원은 대략 100여 명쯤이다. 세무법인청년들 본점, 강남점, 수원 시청점, 수원 인계점, 고양 일산점, 부산점, 청년들 교육사업 부문, 정책자금사업 부문, 경리업무사업 부문, IT사업 부문의 인원이 함께 꿈을 꾸고, 매월 한목소리로 함께 외친다.

2023년 6월부터 우리는 이런 유난한 행동을 계속 반복하고 있다. 처음엔 어색해하는 사람도 있었고 대충 얼버무리는 사람도 있었지만, 이제는 많은 것이 다르다. 직원들의 목소리는 점점 더 확신에 찬 목소리로 변했고 목소리도 커졌다. 그리고 서로 격려한다. 구성원들은 리더들의 일관적인 모습에 믿음을 가지게 되고, 리더들은 구성원들의 변하는 모습에서 믿음을 가지게 된다. 이걸 서로 느낄 수 있다는 건 모두에게 행운이다.

"우리가 입으로 함께 목표를 외치는 행동이 청년들의 미래를 바꿀 수 있을까?"

청년들이 집중하는 건 '무엇을 바꿀 수 있을까?' 같은 거창함이 아니다. 함께 꿈을 꾸고, 함께 목표를 외치는 것에 집중한다. 우리가 생각을 함께 공유하고 함께 행동하면 분명 우리는 꿈을 이룰 수 있다는 것을 믿는 것뿐이다. 이런 행동을 이어온 것이 오래되지 않았지만, 전체 미팅을 막 시작했을 때와 지금은 구성원들의 눈빛부터 목소리까지 모두 다르다. 느낌이 아니라 실제의 모습이 그렇다. 그걸 직원들도 느끼고 있다. 나는 이것이 목표를 함께 공유하고, 함께 꿈을 꾸고, 함께 입으로 뱉어내는 작은 힘에서 시작되었다고 생각한다.

청년들은 세무업의 독보적 1위를 꿈꾼다. 그리고 1차 목표는 매출 1,000억 원이다. 우리는 조금 단순하다. 이것 말고 다른 목표가 없다. 기업의 관점에서 세무업을 바라보면, 1위는 그렇다 치더라도 우리가 가진 1,000억 원의 목표가 너무 적어 보일 수 있다. 하지만 세무업의 매출이 기업의 매출과 다른 구조를 가진다는 것을 알면, 이 수치가 우리에게 얼마나 현실감 떨어지는 숫자인지 알 수 있을 것이다.

2022년을 기준으로 세무업 1위 업체의 매출은 387억, 2위 매출은 361억, 3위 매출은 348억 원이다. 그다음 순위부터는 매출이 현저하게 낮아진다. 숫자로만 바라보면 우리가 가진 목표는 현재 세무업의 1위 업체의 3배에 가까운 매출을 올려야 가능한 일이다. 세무업에서 1,000억 원이라는 숫자는 불가능에 가까운 수치라는 말이다. 그럼에도 우리는 이 매출을 달성할 생각이고, 달성하려고 움직이고 있고, 달성할 것이다. 일단은 이 어려운 일을 해 보겠다고 서로가 서로에게 다짐하고 있다. 그리고 이것을 100여 명의 구성원 모두가 한목소리로 함께 외치는 것이다.

청년들의 목표는 단순한 매출의 합이나 덩치를 키워가는 방식의 숫자가 아니다. 우리가 단순히 숫자에 집중한다면 전략적 합체를 통해 몸집을 키워야 하고, 세무업을 프랜차이즈화시켜서 확장하려는 노력도 해야 한다. 이렇게 한다고 해도 1,000억 원의 매출을 올린다는 건 쉽지 않은데, 청년들은 이런 방식을 거부한다. 이유는 단순하다. 이런 방식은 청년들의 도전 정신과 공유정신, 무엇보다 업무능력과 품질이 변질될 것이 눈에 보이기 때문이다.

이런 부분에서 청년들은 조금 무지한 조직이다. 창의적인 조직 문화를 가지고 있고 동작 또한 빠르지만, 청년들의 정체성에 대해서는 변화의 여지가 없다. 조금 느리더라도 생각을 공유하고 문화를 동기화할 수 있는 사람과 조직을 지향하기 때문이다. 이 방법은 느리지만, 한 번 탄력을 받으면 곱하기의 성장을 할 거라고 믿는다. 세무업의 1위를 달성하는 것도 중요하고, 1,000억 원의 매출 목표를 달성하는 것도 중요하지만, 청년들의 목표가 단순한 성장이 아니라 브랜드를 만드는 것이기 때문이다. 세무업이 아닌 다른 사람들, 특히 고객에게 우리를 인식시키고 싶다. 세무업 하면 떠오르는 것이 '청년들'이라는 브랜드였으면 하는 꿈이 청년들의 유난한 목표다. 이런 게 아니라면 우선 재미가 없다. 우리 직원들은 재미가 없으면 움직이지 않는다. 그건 리더들과 직원들의 생각이 똑 닮았다.

세무업은 매우 특수한 업이다. 고객에게 발생하는 세금의 탄생과 소멸까지 관여하는 특별한 일을 하고 있다. 우리가 일을 어떻게 하는지에 따라 세금이 늘어나기도 하고 줄어들기도 한다. 다시 말해 어떤 전문가를 만나느냐에 따라 세금이 달라질 수 있다는 말이다. 이런 일이 가능한 것은 세금을 내는 사람 그리고 환경에 따라 여러 가지 변수가 존재하기 때문이다. 결국 세금에서 실력을 갖추기 위해서는 많은 경험과 지식이 필요하다. 지식이나 경험이 부족하다고 해도, 생각하는 능력, 판례를 찾아 학습하는 능력, 법과 법 사이의 충돌 지점을 배우는 노력에 따라 전문성이 달라진다.

우리는 배우고, 학습하고, 확인하는 조직이다. 이런 문화를 견디지 못하는 직원은 결국 떠나게 된다. 청년들은 한 사람의 경험, 한 조직의 경험, 타인에게 취득한 경험은 모두 전체에게 공유하고 배운다. 그리고 검증하는 작업을 거친다. 모두 같은 능력을 가져야 하기 때문이다. 우리는 우리의 업을 매우 중요한 일이라고 여긴다. 그리고 소중하게 다룬다. 태도가 무엇을 바꿀 수 있을지는 모르지만, 청년들이 세무업을 대하는 태도는 그렇다.

현재의 세무업은 우리가 하는 거창한 일을 거창하게 다루지 못하고 있다. 기껏해야 고객이 기장이라 여길 정도의 모습 정도만 보여주고 있다. 그리고 기장 정도 수준의 업무에 사활을 건다. 때가 되면 부가세를 신고하고, 소득세를 신고하고, 원천세를 신고하고, 법인세를 신고하고, 기타 등등의 세금을 신고한다. 이 정도의 일에서 보람을 느낀다. 이 시기가 되면 너무 바빠서 다른 아무것도 할 수 없다. 이건 세무업의 루틴과 시스템이 그렇게 움직이기 때문이다.

이 시기가 되면 서로 지쳐서 직원들끼리도 소통하지 못한다. 그리고 신고 시즌을 지나면 비수기가 있는데, 이때는 각자의 자리에서 서로 지쳤던 마음을 돌보느라 서로에게 관심을 줄 수도 없다. 청년들은 이 정도의 일에 보람을 느끼지 못한다. 남들과 다른 무엇이 없기 때문이기도 하지만, 세무업에서 이 일은 기본이기 때문이다. 우리는 기본에 충실하지만, 업무를 하는 것만으로 만족감을 느끼지 못한다. 청년들은 바쁜 시기에도 소통하면서 일한다. 하지만 우리도 세무업의 환경을 피해 갈 수는 없다. 그래서 만든 것이 블루홀이다. 남들은 포기했지만, 청년들은 바꿀 수 없는 환경을 시스템으로 혁신한 것이다.

우리에게 가장 중요한 시간은 조금 여유가 있는 비수기다. 우리는 이 시기를 베짱이처럼 보내지 않는다. 배워야 할 것을 배우고 교육해야 할 것을 교육하고, 공유해야 할 것은 공유한다. 이 시기에 보낸 시간이 고객에게 특별함을 제공하는 실력을 만들기 때문이다. 또한 고객사의 재무제표나 세금과 관련한 숫자에 문제가 있는지를 들여다 본다. 만약 문제가 있다면 해결 방법을 찾아 고객과 상의하고 처리한다.

청년들의 IT 시스템인 블루홀은 이런 일들을 처리하기에 매우 효과적이다. 단언컨대 이 부분은 다른 조직이 따라가기 어렵다. '어렵다.'라고 표현했지만, '불가능에 가깝다.'라는 의미를 담고 있다. 시스템도 따라 하지 못하겠지만, 만약 카피한다고 해도 그것을 조직이 사용하게 만들 수 없을 것이다. 대표 세무사가 직원들을 문화적으로 통제할 수 없기 때문이다. 우리가 문화를 만들기 위해, 함께 공유하기 위해, 본점과 지점, 다른 사업부가 같은 문화를 공유하기 위해 사활을 거는 이유다.

우리와 비슷한 혁신을 추구한 곳이 여러 곳 있었는데, 거의 모두 실패했다. 그 이유는 순서가 틀렸기 때문이다. 시스템을 만들어 놓고 사람들에게 따라오게 하면 직원들이 사용하지 않는다. 그래서 우리가 한 방법은 반대로, 반대로, 반대로 했다. 소통하고, 소통하고, 또 소통하고, 조직문화를 먼저 만들고 사람에 맞춰 시스템을 개발했다.

조금 정확하게 말하면 우리 구성원들도 100% 청년정신을 소화하는 것은 아니다. 여전히 진행 중인 부분이 있다. 자신 있게 말할 수 있는 것은, 청년들은 다른 조직과 처음부터 끝까지 모두 다르다는 사실이다. 이건 직원들과 몇 마디 이야기만 나누어도 쉽게 알 수 있다. 일단, 우리는 태도가 좋은 사람을 채용하는 것에 사활을 걸고 있다. 그리고 기존의 직원들도 같은 생각을 할 수 있게 소통하고 교육한다. 그래도 바뀌지 않는다면 청년들과는 함께하기 어렵다.

최정만과 이규상은 이 부분에 대해서는 매우 명확하게 말해준다. 우리는 고객이 있어야 존재할 수 있다. 우리는 고객에게 부가가치를 제공할 수 있어야 존재의 의미가 있는 조직이다. 고객에게 전문가로서 서비스를 제공해야 한다. 누가 시켜서가 아니라 우리는 세금을 다루는 사람들이기 때문이다. 다시 말해 프로가 되어야 한다는 말이다. 구성원 중 한 명도 아마추어로 남겨둘 수 없다. 프로가 아니라면 배우고 발전하면 된다. 조금 늦어도 기다려줄 수 있고, 모르는 것을 물어 보면 알려주고 또 알려줄 것이다. 하지만 바뀔 생각이 없는 사람은 청년들에서 수용할 수 없다. 그런 생각이라면 빨리 도망가는 것이 좋다.

세무업에는 규모가 있는 컨설팅 펌이 없다. 이 부분은 내가 찾지 못해서일 가능성도 있다. 청년들의 독보적 브랜드를 만드는 것, 세무업의 독보적 1위가 되는 것은 외형적인 부분에 대한 목표다. 하지만 우리는 외형으로 브랜드가 될 수 있다고 생각하지 않는다. 외형으로 흉내는 낼 수 있겠지만, 알맹이 없이 브랜드가 될 수 없다는 단순한 진리를 이해하고 있기 때문이다. 우리가 만들고자 하는 것은 단순한 매출 규모의 합이 아니다. 만약 매출 규모만으로 브랜드를 만들 수 있는 것이었다면, 지금의 세무업에서도 김앤장이나 삼일회계법인과 유사한 브랜드가 이미 오래전에 만들어졌을 것이다.

청년들이 만들려고 하는 것은 단순한 매출의 합이 아니다. 그런 아류의 브랜드들은 많이 생겼다 사라졌다. 그리고 여전히 그것을 반복하고 있다. 우리가 원하는 목표는 그런 것이 아니다. 세무업에서 가장 독특한, 세무업에서 가장 탁월한, 고객사의 A부터 Z까지 원스톱으로 세무 경영 서비스를 제공하는, 고객의 세금에 가장 큰 이익을 주는 전문가 집단으로서의 꿈을 가진다. 고객의 성공을 돕는 것, 이것이 우리가 가장 빨리 성공하는 길이라 여기기 때문이다.

1차 적으로 우리가 만들려고 하는 목표는 컨설팅 전문가 100명이다. 이런 목표를 말하면 너무 적은 인원이라고 친히 알려주는 사람들이 있다. 1,000명이라고 말할 수도 있고 10,000명도 말할 수 있겠지만, 우리의 목표는 100명이다. 그리고 전문가 100명에게는 3~4명의 스태프들이 필요하다. 청년들이 100명의 전문가를 만든다면 이론적으로는 300~400명 정도의 인원이 될 것이다. 현재에는 그 이상의 목표가 없다. 다음 목표는 100명의 전문가 그룹을 만들고 나서 다시 선언할 것이다.

여기서 말하는 전문가는 타이틀로 명함을 내밀 수 있는 사람을 말하는 것이 아니다. 우리가 말하는 전문가란 세금의 컨설팅을 A부터 Z까지 검토하고 실행까지 할 수 있는 하나의 팀을 말한다. 흉내가 아니라 진짜 컨설팅이 가능한 수준을 말한다. 세법과 상법, 노동법, 민법 등을 넘나드는 지식과 경험을 가진 사람, 세금을 장기적으로 관리할 수 있는 능력을 가진 사람, 일반 세무사가 범접할 수 없는 수준의 실력을 가진 사람을 의미한다.

세금과 연결된 법을 넘나드는 사람은 계속해서 배우는 사람이어야 한다. 절세와 관련된 분야는 세금이 살아서 움직이기 때문이다. 바뀌는 법령을 알아야 하고, 타법에 저촉이 되는지 확인해야 하고, 상위법과 하위법에 충돌이 있는지 확인해야 하고, 국가의 세금 기조와 정책의 방향도 알아야 하고, 국세청의 세무조사 트랜드까지 섭렵할 수 있어야 전문가라고 할 수 있다.

그리고 세금의 장기적인 관리를 하는 것은 실력의 디테일이 필요하다. 단순히 하나의 세금을 신고하고 조정하는 건 매우 단순한 일이다. 세무사 자격만 갖추면 누구나 할 수 있다. 하지만 장기적인 관리를 아무나 할 수 없다. 세금을 바라보는 안목을 가지고 합법과 불법을 정확하게 알아야 한다. 그리고 사례를 많이 알아야 한다. 그래야 합법적인 범위 내에서 세금을 운용하고 조언하고 움직일 수 있다.

　반복해서 말하지만, 청년들이 말하는 건 제대로 된 전문가다. 선무당이 사람 잡는다는 말은 괜히 생긴 말이 아니다. 청년들의 고객 중에는 일명 법인 컨설팅 업체의 전문가라고 소개한 사람의 컨설팅을 받고 심각한 손해를 입은 곳들이 있다. 비단 우리 고객뿐일까?

2
청년들의 교육 시스템, 멘탈 시리즈

2023년 8월, 이규상이 신입사원 대상으로 교육을 시작해야겠다고 운을 띄웠다. 이 말이 나오고 2주 후에, 청년들 춘천 연수원에서 1박 2일간 교육이 진행되었다. 언급부터 진행까지 일사천리로 진행되었다. 솔직히 나는 이때까지만 해도 우려의 마음이 강했다. 동작이 너무 빨라서다. 나는 조금 속도를 늦추고 경우의 수까지 고려하자는 의견을 전했다. 우선은 이렇게 즉흥적인 움직임을 잘 보지 못했기 때문이다.

회사의 백년지대계(百年之大計)가 될 수 있는 '교육을 이렇게 뚝딱뚝딱 진행하지?'라고 생각했다. 이건 대기업 조직에 오래 근무했던 내 경험의 단편적 파편 때문이다. 청년들의 멘탈시리즈 교육이 성공적이긴 했으나, 여전히 나는 직원들의 정서에 영향을 끼치는 것에 대해서는 조금 더 신중하게 다룰 필요가 있다고 여긴다. 조직이 커지면 경우의 수가 많아지고, 상향평준화보다는 하향평준화되는 경향이 더 커지기 때문이다.

리더가 기획부터 진행, 직원들과의 소통, 문제를 만났을 때의 대응 등에 대한 시나리오를 가지는 것의 유익이 크다고 생각하는 이유다. 굳이 이런 내용을 책에 적는 것은 조직이 커지는 과정에서 최정만과 이규상이 이 내용을 기억해주기를 바라는 마음에서다.

청년들은 동작이 빠르다. 사실 이건 리더의 스타일인데, 최정만과 이규상은 둘 다 빠르다. 행동이 빠른 것에도 단점은 존재하지만, 행동하지 않아서 생기는 문제보다는 크지 않다는 것이 청년들의 생각이다. 행동으로 옮겨보지 않으면 어떤 것이 중요한 것인지, 어떤 것이 문제인지조차 알 수 없다. 우린 이 자체를 문제로 본다.

이규상이 청년들의 첫 교육에 붙인 이름은 '멘탈 마사지'라는 생소한 단어였다. 이규상이 이런 네이밍을 한 건 B급 감성을 주고 싶다는 것이었다. 이름을 떠나 너무 갑작스러운 교육, 그것도 1박 2일이나 진행한다는 소식에 일부 직원들은 술렁거렸다. 긍정적 반응과 부정적 반응이 교차했다. 청년들에 대한 믿음으로 무한 긍정을 보내준 직원도 있었고, '이건 뭐지?'라는 궁금증을 가진 직원도 있었고, 무의식적으로 반발하는 직원도 있었고, 논리적으로 반발을 했던 직원도 있었다. 보통 이런 식으로 급작스럽게 진행되는 교육은 '모' 아니면 '도'에 가깝다. 말 그대로 잘되면 대박, 아니면 쪽박이다.

교육을 준비한 시간은 2주였지만, 이규상과 최정만은 교육에 사활을 걸은 것으로 보였다. 2주 동안은 두문불출하며 교육안을 만들었다. 1박 2일의 시간 동안 직원들의 긍정적인 마음을 끄집어내지 못하면, 청년들의 시간을 거꾸로 사용하여 직원들 마음에 부정적 생각을 만드는 계기가 될 거라는 두려움도 있었다고 나에게 말했다. 기존에도 워크숍이라는 명목으로 보내는 시간이 있었지만, 그 시간은 거의 짧은 여행의 개념이거나 먹고 마시는 개념의 회포를 푸는 시간이 전부였다.

이 1박 2일 동안의 교육은 매우 빡빡하게 이루어졌다. 오전 10시에 시작해서 밤 11시까지 쉼 없이 교육하고 토론하고 대화를 나누었다. 다음날도 예외는 없었다. 새벽에 기상해서 산책하고 명상으로 하루를 시작했다. 최정만과 이규상은 두 번째 하루의 시작부터 끝나는 시간까지 또다시 직원들에게 말했다. 청년들은 꿈이 있다고, 함께 도전하자고, 한번 세무업의 판을 바꿔보자고, 우리는 할 수 있다고, 청년들에서 함께 꿈을 이루어 보자고 목소리를 높였다.

결과는 성공적이었다. 직원들의 마음이 움직이는 것이 눈에 보였다. 직원들의 마음에 결의가 느껴졌다. 눈빛이 살아 있었고, 목소리에 힘이 있었고, 불만은 긍정으로 변했고, 긍정은 행동하겠다는 의지로 변해갔다. 최정만과 이규상은 이날 이후 청년들의 꿈에 대한 욕망에 더 자신을 가졌다.

첫 교육이 끝나고 최정만과 이규상은 조금 들떠 있었다. 바로 리더들을 대상으로 두 번째 교육을 준비하기 시작했다. 그도 그럴 것이 누군가의 앞에서 한 번도 발표해 보지 않는 직원이 단상에서 30분 넘게 우물쭈물하다가 발표하기 시작했고, 두려움을 극복했다는 기쁨에 눈물을 흘리는 직원도 있었다. 교육을 계기로 꿈을 꾸게 되었다는 직원들을 보면서 흥분하지 않을 대표들이 얼마나 될까. 사실 직원들과의 이런 교감은 작은 조직일수록 경험하기 어려운 일이다.

청년들에겐 그런 기적이 일어났다. 나는 이것을 감히 기적이라 말한다. 우리처럼 작은 기업에서 직원들에게 욕망을 심어주기란 쉽지 않다. 대기업처럼 연봉을 많이 줄 수도 없고, 좋은 복지를 줄 수도 없다. 여러분에게 오늘 좋은 것을 주지 못하지만, '내일은 대기업보다 좋은 것을 주고 싶습니다.'라는 말로 사람을 움직인다는 건 쉽지 않은 일이다. 그럼에도 우리는 직원들에게 이런 욕망을 심어주고 또 공유한다. 그 마음이 진심이고 직원들에게 전달되기를 바라기 때문이다.

청년들의 첫 교육이 끝나고 2주 후 청년들의 두 번째 교육, 리더들과 주요 팀장들을 대상으로 한 교육이 시작되었다. 최정만과 이규상은 실망했다. 자신들이 생각한 기대와 너무 달랐기 때문이다. 적어도 팀원 대상으로 교육할 때보다 모든 면에서 더 열정적일 거라고 기대가 있었던 것 같다. 팀원들은 호응이 남달랐는데, 리더들은 호응이 뜨뜻미지근했다. 팀원들은 눈빛이 살아 있었는데 리더들은 그렇지 않았다. 최정만과 이규상은 리더들을 교육할 때의 반응에서 '그래, 당신이 얼마나 잘하나 보자', 이런 눈빛을 느꼈다고 했다. 나는 최정만과 이규상에게 그렇지 않다고 말해주었다. 리액션 자체만 가지고 보면 팀원들에 비해 리액션이 적은 것은 사실이었다.

두 번째 교육을 마치고 이규상과 최정만의 체력이 소진되었다. 최정만은 몸살이 나서 끙끙거렸고, 이규상은 입술에 물집이 잡히고 얼굴이 핼쑥해졌다. 둘은 그만큼 교육에 모든 에너지를 갈아 넣었다. 아마도 리더들을 교육하면서 여러 가지 생각에 힘들었던 것 같다. 나는 이때 교육이 잠시 멈출 거라고 생각했다. 하지만 이 두 사람은 교육을 더 디테일하게 준비했다. 내용을 다듬고 전달할 내용의 일부를 바꾸고, 순서를 바꾸는 등 시뮬레이션을 했다. 그리고 교육 대상도 직급, 직책별로 나누어 신규 인원들을 교육했다.

사실 이 교육들은 내가 모두 기획하고 진행해야 하는데, 청년들의 이야기 출간 일정으로 선택과 집중을 하느라 최소한의 참여만 했다. 하지만 이런 시간이 최정만과 이규상의 리더십을 흡수하는 것에는 크게 도움이 되었다. 필요한 시간이었으리라 생각한다. 최정만과 이규상은 3차 교육, 4차 교육을 하면서 에너지를 다시 회복했다. 직원들의 호응이 첫 교육과 마찬가지로, 또 다른 반응으로 좋았기 때문이다.

2023년 11월 16일과 17일, 청년들 춘천 연수원에서는 '멘탈시리즈' 5회차 교육이 진행되었다. 이날 참여 대상은 본점의 직원, 수원점, 수원 인계점, 고양일산지점 직원, 부산지점의 직원, 교육사업 부문까지 다양한 직원들이 참여했다. 나 역시 멀리서 오는 직원들을 위해 참여하고 소통했다. 아직은 작은 규모지만 세무 조직에서 지역이 다른 지점을 모아 교육을 시킨다는 건 쉽지 않은 일이다. 정체성을 공유하기 위해 모이고, 그것도 1박 2일간 쉬는 시간도 없이 정신교육을 시키는 건 어려운 일이다.

사실 이규상과 최정만이 멘탈시리즈 교육을 시작했을 때만 해도 지점 대표들은 이 교육에 별 관심이 없었다. 효과에 대해 반신반의했고, 지점과는 먼 이야기로 생각했던 것 같다. 하지만 이 5회차 교육은 의도 자체가 달랐다. 1회차 교육, 2회차 교육, 3회차 교육, 4회차 교육을 바라보던 지점 대표들의 요청이 있었다. 나는 이것이 같은 목표를 가지고 달리는 조직의 힘이라고 여긴다. 우리 청년들의 문화는 아직 정착되지 않았고 현재 진행형이다.

그럼에도 조직에 희망을 느끼는 건 청년들만의 도전정신이라는 문화, 협업하는 문화가 정착되고 있기 때문이다. 원래 이런 유형의 교육을 하는 기업이나, 규모가 있는 기업에서 보면 '이런 일이 뭐 대수라고 이렇게 난리를 치나?'라고 생각할 수 있다. 그러나 세무업을 이해하는 사람이라면 이것이 얼마나 어려운 일인지 짐작할 수 있을 것이다. 다른 것이 아니고 이런 것이 진짜 혁신이다.

나는 이날 행복했다. 청년들의 꿈을 마음에 새기는 확고한 계기가 되었다. 나는 최정만과 이규상을 도와 이들과 함께 꼭 성공해야겠다는 욕심을 다시 한 번 다지게 됐다. 이날 참석했던 부산

지점의 대장인 신상협 세무사는 '아, 우리가 진짜 할 수 있겠구나. 다른 조직과 다른 조직이 하나로 뭉쳐서 이렇게 파이팅을 외칠 수 있구나. 여태껏 다른 세무 조직에서 모두 실패한 브랜딩을 우리가 할 수 있겠구나. 그리고 어려울 때 손 내밀면 손 잡아줄 진짜 동료가 청년들은 가능하구나.' 이런 생각이 들었다고 했다. 이 자리에서 많은 이야기가 오갔고, 많은 생각이 오갔지만, 나는 고양 일산 지점의 양 팀장이 들려준 말이 가장 기억에 남는다.

"월급 세무사 6년 차, 동기들이 하나씩 개업을 하기 시작했습니다. 세무사들은 보통 이맘때쯤 개업을 합니다. 세무사로서 개업이 쉽고, 밥 먹고 사는 정도의 규모는 그리 어렵지 않기 때문입니다. 하지만 그 이상은 발전은 없죠. 그럼에도, 이제 나도 슬슬 개업을 해야 하나?, 이런 생각을 했습니다. 그렇게 해야 하는 줄 알았어요. 이런 생각을 할 때쯤 멘탈시리즈 교육을 오게 되었습니다. 생각해 보면 세무업에는 이런 교육을 하는 곳 자체가 없잖아요. 여기 모인 사람들을 보면서 아, 내가 청년들에서 승부를 걸어도 되겠구나. 각자도생이 자연스러운 세무업에도 삼일회계법인을 넘어서는 브랜딩이 가능하겠구나, 이런 생각이 들었습니다. '참 잘 왔구나, 이런 생각이 들었습니다.' 나는 김 팀장의 이 생각이 청년들을 대변하리라고 생각한다. 그리고 청년들의 미래라고 믿는다."

이것이 청년들의 멘탈시리즈 교육이다. 이런 생각의 공유, 꿈의 공유는 청년들의 미래가 될 것이다. 우리 고객들이 청년들을 새로이 바라보는 계기가 되었으면 좋겠다. 이건 청년들이 잘났다는 것을 보여주려는 것이 아니라, 청년들이 전혀 다른 서비스를 하겠다는 의미를 담고 있으니까 말이다. 우리가 전혀 다른 서비스라고 하는 것은 청년들의 승부처는 '새로움'과 '디테일이 다른', 이 두 가지다. 우리의 마음이 구성원들에게 가 닿기를, 고객들에게 닿기를.

청년들 공동의장 이규상은 2023년 8월 31일, 청년들의 교육을 '청년들 멘탈 마사지'라는 이름으로 상표를 출원했고, 2024년 2월 8일 상표등록이 되었다.

3
우리가 집중하는 건 팀장, 그리고 리더십

앞의 글에서 청년들은 100명의 전문가로 이루어진 법인 컨설팅 펌을 만들겠다는 포부를 밝혔다. 이건 대충 나온 숫자가 아니다. 인원 수만 보면 청년들에서 일하고 있는 세무사나 팀장의 숫자 몇 배에 지나지 않는다. 이런 식의 계산이라면 우리가 목표에 다다르는 건 불과 3~4년이면 가능하다는 계산이 나온다. 반복해서 언급하고 있지만 우리가 중요하게 생각하는 건, 외형이 아닌 실질이다. 스스로 전문가 집단이라고 소개해도 고객이 인정하지 않으면 전문가라고 할 수 없다. 자기의 인정을 넘어 고객이 엄지척을 해주면 전문가 집단이라고 할 수 있을까?

우리가 가려는 길은 고객의 인정을 넘어 그런 말 자체가 필요 없는 브랜드를 만드는 길이다. 이런 말은 누구나 할 수 있지만, 행동으로 옮기기는 어렵다. 행동으로 옮겼다고 해도 넘어지기 쉽다. 넘어져도 한두 번은 일어날 수 있지만, 반복되는 실패에 계속 일어나는 건 쉽지 않다. 또한 이런 걸 계속해서 반복한다는 건 쉬운 일이 아니다. 우리는 이 행동을 무한 반복했고, 감사하게도 변곡점을 지났다. 청년들이 가는 길이 이런 재미있는 길이다. 누군가는 고작 3년, 누군가는 벌써 3년이라고 표현할 시간을 우리는 그렇게 도전하고 있다. 우리는 이 시간이 재미있다. 누군가는 우리에게 흥미를 느끼기를 바란다. 그리고 우리의 고객이자 파트너가 되었으면 한다. 우리는 고객도 같은 성장의 욕심을 가진 집단이기를 원하기 때문이다.

보통의 사람들은 법률사무소 김앤장이라는 회사가 뭘 하는 회사인지 묻지 않는다. 삼일회계법인이라는 회사를 대상으로 어떤 회사인지 묻지 않는다. 김앤장을 전문가 집단이라거나 아니라거나 이런 말 자체를 하지 않는다. 삼일회계법인을 보면서 이 회사의 실력이 대단하다거나 이런 말을 잘 사용하지 않는다. 그들은 회사 이름, 그 자체로 브랜드이기 때문이다. 이들의 서비스 비용이 부담스러워서 거래하지 못할 수는 있지만, 이들의 실력이 떨어진다는 이유로 거래하지 않는 곳은 거의 없다. 굳이 해당 업계 사람들이 아니어도 이 두 회사 정도는 알고 있다.

우리가 삼성전자를 알고 애플이라는 회사를 아는 것처럼. 청년들이 가고자 하는 건 고객에게 확실히 각인되는 브랜드를 만드는 길이다. 단순히 도전적인 생각을 가진 대표, 생각을 행동으로 옮길 수 있는 자금력, 꽤 괜찮은 리더 몇 명, 태도 좋고 일 잘하는 직원 몇 명으로 만들 수 없다는 것을 잘 알고 있다. 게다가 우리는 자금력도 넉넉한 회사가 아니다. 간혹 우리에게 투자의사를 밝히는 회사가 있다. 그럼에도 우리는 함부로 투자받지 않는다.

어떤 투자는 청년들의 정체성을 흔들 수 있고, 전문가 집단으로 가는 길에 독이 될 수 있다는 것을 알기 때문이다. 잠깐 반짝했다가 사라지는 회사가 아니라, 사람들에게 각인되는 회사를 만드는 것이 얼마나 고단하고 어려운지 알고 있다. 조금 느리더라도 우리는 기본기를 조금 더 단단하게 만들면서 나아가려고 한다. 청년들은 생각하는 조직이고 매우 빠르게 움직이는 조직이지만, 브랜드를 만드는 것에서 만큼은 정석을 지키려고 한다. 이런 청년들의 정신과 속도를 읽어줄 수 있는 곳의 건강한 투자라면 받아들일 의향도 있다.

청년들이 이 목표를 이루기 위해 집중하는 것이 팀장이다. 우리에게는 사람이 가장 중요한 자산인데, 그중에도 팀장을 가장 중요한 존재로 여긴다. 청년들은 팀 체제로 움직이기 때문이다. 이 부분에 대해서 깊이 알고 싶다면 우리가 준오헤어를 벤치마킹하는 이유를 살펴 보길 바란다. 청년들이 세무업에서 정착하기 어려운 팀제를 고수하는 것은, 이 방법이 고객에게 가장 좋은 서비스, 깊고 넓은 서비스를 제공할 수 있기 때문이다. 이건 기존 세무업의 판을 뒤집기 위한 청년들의 유난한 도전의 일환이다.

우리에게 있어 팀장은 전문가와 동일한 단어다. 다시 말해 팀장은 당연히 전문가여야 한다. 우리가 길러내는 사람은 실력만 좋은 사람이 아니다. 혼자서 실력 좋은 사람은 멀리 볼 수 없고 멀리 갈 수 없다. 우리는 리더십이 좋은 팀장을 발굴하고 성장시키려고 애쓰고 있다.

전문가라는 명칭이 부끄럽지 않을만한 실력을 갖춰야 하고, 직원들의 마음을 움직일 수 있어야 하고, 직원들의 성장을 도울 수 있어야 하고, 직원들의 몸값을 올려줄 수 있어야 하고, 팀장이 직원들의 롤 모델이 될 수 있어야 한다. 실력이 뛰어나도 리더십이 없다면 청년들에서 팀장이 될 수 없다. 리더십이 뛰어나도 실력이 없으면 팀장이 될 수 없다. 조금은 매몰차 보이지만 이건 직원의 성장을 도모해서 팀장의 성장을 만들겠다는, 팀의 성장을 도모해서 회사의 성장을 이루어내겠다는 우리의 결연한 의지다.

결론적으로 팀장은 서로가 서로에게 발전적인 존재가 되어야 하는 것이다. 우리는 이 생각이 고객에게 궁극의 서비스를 제공하기 위한 최선의 방법이라고 여긴다. 이 부분에서는 유연성을 가지지 않는다. 다시 말해 청년들에서 팀장을 하려면 업무능력과 리더십을 모두 갖춰야 가능하다. 이렇게까지 하는 건 업무와 서비스에 있어서 조직 모두가 같은 업무 품질을 갖추기 위해서다.

청년들에서 팀장은 세무사일 수도 있고 세무사가 아닐 수도 있다. 우리는 이런 일차원적 장벽에 가로막혀 있지 않다. 세무 조직이 성장하지 못하는 이유 중 하나는 세무사라는 틀에 갇혀 있기 때문이다. 세무업을 창업하기 위해서는 세무사 자격증이 당연히 있어야 하지만, 일을 잘한다는 인정을 받는 것과 실력은 세무사가 아니어도 얼마든지 탐할 수 있다. 만약 직원 중에 세무사를 뛰어넘는 실력을 가진 사람이 있다면, 그에 걸맞게 대접하고 수입을 제공해야 한다는 것이 우리의 생각이다.

실력이 뛰어나다면 그 누구라도 인정받아야 한다. 자격에 대한 말이 아니라 전문가라는 칭호에 대한 말이다. 만약 뛰어난 실력을 가지고도, 실력 없는 세무사에게 타이틀 때문에 비전문가로 취급받아야 한다면 그건 매우 애석한 일이다.

청년들은 비 세무사도 실력이 탁월하다면 세무사를 팀원으로 보유한 팀장이 될 수 있다. 이것이 우리가 다른 조직과 다른 점이다. 이 말은 세무사는 공부를 더 많이 해야 한다는 말이다. 적어도 실력이 없는 세무사는 청년들 조직에서 견딜 수 없다. 우리와 반대로 하는 세무법인은 흔하게 볼 수 있어도, 적어도 우리와 같은 구조를 가진 세무법인을 찾기는 매우 어려울 것이다.

청년들의 팀장 교육은 매우 강하다. 단순히 상명하복식의 교육이 아니다. '나는 말할 테니 당신은 들으세요.' 같은 고전적 방식이 아닌, '내 의견은 이런데, 당신의 의견은 어때요?'의 방식이다. 다시 말해 대화와 소통을 통해서 서로에게 배우는 방식이다. 리더는 팀장들에게 배우고 팀장들은 리더에게 배운다. 그리고 팀장들은 이 방법을 팀원들에게 똑같이 사용해야 한다. 단순히 교육이 아니라 조직의 문화다.

쉽지 않은 것은 매우 치열하게 대화해야 한다는 사실이다. 내성적이어서 말을 잘못한다거나, 태어나서 한 번도 여러 사람 앞에서 말해보지 못했다는 핑계 같은 건 통하지 않는다. 그렇다고 내성적이어서 질타를 받는 일은 없다. 다만 말하는 것도 훈련이기에 최소한의 노력은 해야 한다. 우리가 가장 중요하게 생각하는 건 읽고, 쓰고, 말하기 훈련이다. 문해력이 떨어지는 사람이 팀장이 될 수 없다. 문해력이 떨어지는 사람이 고객과 제대로 된 소통을 할 수 없기 때문이다.

결국 우리의 이런 강력한 교육은 고객을 위한 노력이다. 팀장이 바로 서지 않으면, 리더의 경영방침이 구성원 모두에게 전달되지 않는다. 그리고 소통 능력의 편차가 있으면, 어떤 팀은 소통이 잘되고 어떤 팀은 소통이 되지 않은 기현상이 생길 수 있다.

최정만과 이규상이 팀장들을 교육하고 또 교육하는 건 이런 것을 방지하기 위해서다. 초기에는 이 부분을 견디지 못해 퇴사한 팀장들이 많다. 다시 말해 청년들에서 가장 큰 자산은 팀장인 셈이다. 간혹 팀원 중에 팀장 중심 체제라는 말을 '팀원들은 아무것도 아니네요.'라고 해석하는 경우가 있는데, 이런 삐딱한 생각을 가진다면 하루라도 빨리 성장해서 팀장이 되기를 요구한다. 그것이 청년들의 리더가 원하는 바다. 그리고 청년들은 팀장이 중요한 게 아니라, 사람이 중요하다. 중요한 사람들을 챙기기 위해 팀장리더십에 사활을 거는 것뿐이다.

현재는 팀장들에게 희망고문을 하고 있다. 팀장이 된다고 해서 뭔가 대단한 것을 주지 못하고 있다. 이 부분을 리더들, 특히 이규상은 매우 미안해한다. 2023년 가을 팀장들 미팅에서 말하다가 공동의장 이규상이 눈물을 흘렸다. 팀장들에게 너무 미안하다는 생각 때문이었다. 팀장들의 중요성을 말하면서, 아직 뭔가 대단한 것을 주지 못하면서 책임과 의무, 도전정신을 말해서 미안하다는 것이 골자였다. 그는 늘 같은 말을 반복하고 있고, 어떻게든 팀장들의 능력치를 올려주고 수입을 올려줄 생각만 한다. 같은 말도 때마다 달라지면 거짓이 되지만, 계속해서 같은 말을 하는 건 진심이 담겨야만 가능한 일이다.

4
채용공고 사절, 채용설명회 OK!

청년들은 사람을 중요하게 생각한다. 첫째도 둘째도 셋째도 사람이 가장 중요하다. 사람의 영혼을 조정할 만한 절대적인 자본도, 세상을 뒤 바꿀만한 천재적인 시스템도, 벼락 행운도, 사람보다 중요하지 않다. 우리에겐 자금은 많지 않지만, 사람이라는 큰 자산이 있다. 이건 청년들의 자부심이다. 자산이 탄탄하다면 절대적인 자본, 천재적인 시스템, 벼락 행운 같은 기회는 언제든 잡을 수 있다. 사람이 진짜 행운이다.

이규상과 최정만은 청년들을 창업하기 전, 기존 방식으로 잘 운영하던 세무업을 갈아엎었다. 거래처도 탄탄하고 수입도 괜찮았지만, 뭔가 제대로 된 세무업의 판을 만들고 싶었다. 그러기 위해선 리더부터 직원까지 모두의 생각부터 갈아엎어야 했다. 이런 과정에는 항상 꿈과 편안함이 충돌해서 갈등이 생긴다. 일부의 직원들은 떠나갔고, 일부의 직원들은 남았다. 떠난 사람도 남은 사람도 자신의 욕망을 위해 움직였다. 떠난 사람은 편안함과 안정이라는 욕망을 찾아 떠났고, 남은 사람들은 미래에 대한 성장을 욕망으로 품었다.

최정만과 이규상은 이때부터 청년들을 뜨겁게 만들어줄 의무와 목표를 가졌다. 이조차도 일부는 거부했고 일부는 받아들였다. 기존의 판을 뒤엎고 청년들로 창업한 지 3년, 단 하루도 빠지지 않고 청년들의 꿈을 위해 도전했다. 매번 넘어지고 일어서기를 반복했다. 지루할 만큼 반복했다. 청년들을 넘어지게 만든 어떤 것도 두려운 것은 없었는데, 사람이 원인인 것은 너무 어려웠다.

그럼에도 사람들의 마음을 하나로 뭉치려고 애를 쓰고 또 애썼다. 그때마다 최정만과 이규상, 직원들을 지치게 만든 건, 부정적 반발자가 아니었다. 진짜 힘든 건 긍정을 가장한 반발자였다. 부정적 반발자는 리더와 부딪히기는 했지만 스스로 변하거나 리더의 실수를 깨우쳐주기도 했다. 그것도 아니면 퇴사하는 방법을 선택했다.

잘하고 못하고를 떠나 그들은 생각과 행동이 일치했다. 이건 그저 다름일 뿐이다. 오히려 맞춰가기가 쉬웠다. 그에 반해 긍정을 가장한 반발자는 정반대로 행동했다. 딴지를 걸어야 할 때는 'YES'를 외치다가 앞으로 나아가야 할 때는 'NO'라고 외쳤다. 심지어는 어렵게 하나로 만들어 놓은 직원들의 마음을 헤집어 조직을 흔들었다. 그들의 마음에는 조직도 없고 동료도 없었다. 오직 자신의 욕망, 자신의 이익만 중요하게 생각했다. 이런 직원은 또 다른 직원을 떠나가게 만들고, 전염성까지 있었다.

그렇게 떠나간 직원 중에는 꽤 괜찮은 사람도 많았다. 매우 슬픈 일이다. 문제의 중심에 있던 그들은 청년들에서 중요한 역할을 하고 있었고, 가장 오래된 구성원들이었다. 오랜 고심 끝에 그들을 떠나보냈다. 그 전부터도 직원에 대한 중요성을 가지고 있었지만, 최정만과 이규상은 이 이후로 좋은 사람을 채용하겠다는 욕심이 더 커졌다.

이런 과정을 거치면서 우리가 찾은 건 사람의 중요성이었다. 최정만과 이규상은 '사람은 바뀌지 않는다.'라는 말이 진리에 가깝다는 것을 뼈저리게 느꼈다. 물론 여전히 '바뀌지 않는다.' 보다는 '쉽게 바뀌지 않는다.'로 여기지만 우리 같은 작은 기업, 도전해야 하는 기업은 사람을 바꾸기 위해 보낼 수 있는 시간이 부족하다는 현실을 인식하게 된 것이다. 사람이 달라지지 않는 건 아니지만, 달라지게 만드는 건 쉬운 일이 아니다.

현재 우리 청년들은 같은 목표를 가지고 같은 생각을 하는 사람만 남아 있다. 리더들은 이 부분을 매우 고맙게 생각한다. 청년들의 행운이라고 생각한다. 이런 든든한 파트너들을 위해서라도 청년들은 꼭 성공해야 할 의무가 있다. 리더들은 이 생각을 공유하고 또 공유한다. 그래서 우리는 채용에 사활을 건다. 어떤 직원을 채용하느냐에 따라 기존 직원에게도 영향을 끼치기 때문이다.

규모가 있는 기업들은 채용부터 직원들을 검증하는 고도의 면접 기술을 가진 경우가 많고, 입사해서 퇴사할 때까지 직원을 성장시킬 수 있는 교육 프로그램을 가지고 있다. 큰 기업들이 이런 일을 할 수 있는 건, 조직이 탄탄하고, 시간과 자금 등 여러 가지에 여유가 있기 때문이다. 반면 작은 기업들은 직원을 뽑아서 OJT를 시킨다거나, 부정적인 사람이 긍정적으로 바뀔 때까지 기다려준다거나, 느린 사람을 빨라질 때까지 기다려주는 것은 쉽지 않다. 어떤 지점을 넘어서기 위해서는 생존과 성장이라는 두 마리 토끼를 잡아야 하기 때문이다.

청년들은 유난한 도전을 하고 있고 조직문화도 유난하지만, 여러 면에서 부족한 회사다. 아직은 직원들의 연봉도 낮고 복지수준도 낮고, 유명세도 없다. 다른 세무법인에 비하면 모든 면에서 조금씩 높여주려고 하고 있지만 '다른 세무법인에 비하면'을 빼면 크게 의미가 없다. 이건 리더들이 뛰어넘어야 하는 또 하나의 허들이다. 만약 우리가 이것을 뛰어넘지 못한다면, 아무리 발버둥 쳐도 기존 세무업의 굴레를 벗어날 수 없을 것이다. 여러 면에서 부족한데 '아직은'이라는 표현을 쓴 건, 청년들에서 벌어지는 모든 일이 완성형이 아니라 현재 진행형이기 때문이다.

아직은 청년들에 입사하려는 사람은 어느 정도의 '희망고문'에 함께 참여할 각오가 있어야 한다. 우리는 높은 연봉을 목표로 하고,

가장 좋은 복지를 목표로 하고, 유명세를 가지는 것을 목표로 한다. 허들을 넘기 전까지는 '아직'이라는 표현을 뺄 수 없겠지만, 우리는 수년 내 이 표현을 반드시 뺄 것이다. 이런 건강한 생각이 우리를 현재 수준의 경계를 넘게 만들 것이다. 연봉과 복지는 삶의 질에 연관된 매우 직접적인 문제다. 적은 연봉으로는 실력 있는 사람을 채용하기 어렵고 진취적인 사람과 동행하자고 제안하는 것이 상대적으로 어렵다. 돈이 전부는 아니라고 하지만 돈의 중요성은 부인할 수 없는 사실이다.

그럼에도 청년들은 아직 과정 중에 있고, 희망고문을 하는 회사임을 부인할 수 없다. 보통 우리 같은 회사는 욕심과 욕망이 없는 회사에 비해 여러 부분에서 더 힘들다. 요구하는 것도 많다. 그럼에도 우리 청년들의 전 직원은 이런 과도기적 어려움을 이해하고, 비전을 함께 공유한다. 우리는 그렇게 성공과 실패 사이에서 사막을 횡단하고 있다. 청년들이 반드시 이 지점을 넘어야 하는 것은 이런 희망고문에 기꺼이 동참해주는 직원들 때문이다.

그렇다. 우리는 아직 과도기를 횡단하고 있다. 여기서 말하는 과도기는 이상과 현실의 괴리 어디쯤을 말한다. '이렇게 가져가!'라는 말과 '조금만 기다려 줄래? 이렇게 해줄게!'라는 말의 차이쯤으로 생각하면 된다. 어떤 조직이나 이런 시기에는 배에서 내리는 사람과 배에 새로이 오르는 사람이 공존한다. 지난 3년 동안 우리는 많은 세무사와 직원들을 떠나보내야 했다. 돈의 문제이기도 했고, 복지의 문제이기도 했고, 동료의 문제이기도 했고, 부족한 리더십의 문제이기도 했다. 가슴 아픈 일이지만, 솔직히 지금은 뭉치는 것과 단단해지는 것 말고는 뾰족한 방법이 없다.

우리가 조직의 비전과 사명을 새로 공표하고 파이팅을 외칠 때, 청년 캐빈이 이별을 통보해 왔다. 이때 나는 몇몇 사람과 개별 미팅을 하고 있었다. 한번 멋지게 일해 보자고, 청년들과 함께 성장해 보자고, 그리고 개인의 성장을 이루어 보자고, 이런 말을 가지고 구성원들과 면담하고 있었다. 그때 캐빈은 나와 흔쾌하게 약속했었다. 그러겠노라고. 이런 상황에 인간적 서운함이 없을 수 있을까?

어쨌든 캐빈이 떠나는 것은 개인의 발전을 위한 것이므로 응원해 주었다. 하지만 우리는 언제고 다시 만날 가능성을 가지고 있기에 즐겁게 결별하고 좋은 일로 다시 만나자는 말을 전했다. 여전히 그렇게 하고 있다. 청년들은 이런 하나하나의 관계를 소중하게 생각한다. 그리고 좋은 직원을 채용하기 위해 할 일을 한다. 사람이 가장 중요하기 때문이다.

2023년 11월 30일, 우리는 네 번째 채용설명회를 개최했다. 고맙게도 채용설명회를 실시할 때마다 참여 의지를 밝혀주는 사람이 많다. 그것도 당장 채용하는 것이 아니라, 채용설명회인데 말이다. 매우 감사하고 고마운 일이다. 이 자리에 참석한 사람들은 눈빛과 목소리도 다르다. 어떤 세무법인이 이런 경험을 할 수 있을까? 청년들에겐 행운인 일이다. 이들 모두를 채용할 수는 없지만, 이들 모두는 청년들의 잠재적 동료다. 어서 빨리 회사의 규모를 키워서 이 모든 사람을 수용하고 싶다. 여기에 참석하는 이들은 채용공고를 보고 온 이들과는 많은 부분에서 다르기 때문이다.

우리는 그 자체로 이들이 경쟁력이라고 여긴다. 지원자들을 모두 채용하지 못하는 것은 우리가 가지는 미안함이다. 그러나 우리는 직원을 쉽게 뽑지 않는다. 그리고 쉽게 뽑을 수도 없다. 그래서 몇 차례를 만나고 긴 시간을 대화하고 어떤 경우에는 1년 동안 지켜보기도 한다. 실제로 그런 과정을 거쳐서 입사한 사람들이 많다. 어떤 경우에는 참 이상한 회사라는 말을 듣기도 한다. 하지만 우리는 이것이 좋은 회사와 좋은 사람이 만나는 일이기에 중요하게 다루는 것이다. 그리고 이것이 비전을 가진 사람에 대한 예의라 여긴다. 그들도 우리도 시간낭비를 할 필요는 없으니까 말이다.

우리가 채용설명회를 하는 건 매우 단순하다. 좋은 직원과 연결되기 위해서이고, 청년들의 구성원들에게 좋은 동료를 연결시켜주기 위해서다. 꿈을 찾는 직원을 만나기 위해서이고, 작더라도 비전이 있는 회사를 찾는 파트너를 만나기 위함이다. 세상에 돈이 중요하다고는 하지만, 여전히 꿈을 가진 조직에 매력을 느끼는 사람이 있다. 우리는 그들과 연결되기를 원한다. 이건 고객에게 최고의 서비스를 제공하겠다는 청년들의 기본적인 마음이다. 그리고 성장하고 싶은 욕망을 가진 직원을 채용해서 개인의 성공을 돕겠다는 청년들의 욕망이다. 이 두 가지가 결합 된다면 청년들의 성공은 너무 당연한 일이 아닐까?

　이 부분에 대해서는 완벽한 해답을 구하지 못했다. 그래서 이런저런 방법을 시도하고 있으며, 더 좋은 방법을 찾기 위해 여전히 애쓰고 있다. 현재는 취업설명회와 취업사이트 이용을 병행하고 있다.

5
조셉, 장자 철학을 이야기하다

2023년 7월 11일, 최정만은 교육사업 부문 책임자인 잡스, PM인 크롬과 회의를 하고 있었는데 뜬금없이 잠깐 들어오라며 나를 불렀다. 이때 최정만은 교육사업 부문 때문에 흥분해 있었다. 상기되어 있거나 한 건 아니고 화가 나 있었다. 최정만이 그때 나를 부른 건 일면 나에게 '내 말이 맞죠?'라는 지지가 필요했던 것 같다. 나는 최정만을 열렬히 지지하지만, 이런 소통법은 바꿔주었으면 좋겠다. 진짜 소통은 내가 말할 때가 아니고 내 말이 상대에게 전달될 때이기 때문이다. 이 부분은 조금씩 조금씩 변하고 있다. 최정만에게 고마운 건, 여전히 진행형으로 긍정적인 리더십을 만들고 있다는 점이다.

여튼 최정만은 교육사업 부문 조직에 대해 따끔한 일침을 날리고 있었는데, 잡스는 항변하면서도 최정만의 이야기를 적극적으로 경청했다. 그리고 구성원들을 변화시키기 위해서는 최정만도 자신의 방법을 바꿀 필요가 있다고 반발하기도 했다. 나는 이 두 사람의 말이 서로에 입장에서는 틀리지 않은 말이라고 생각한다. 다행인 건 우리 조직에서는 이런 대화가 긍정적인 면으로 작동하고 있다. 이들을 잘 모르는 사람들이 보면 '이들 큰 싸움 나겠는데…'라고 오해하기 딱 좋다. 이 부분에 대해서는 서로 보낸 시간이 아무리 길다고 해도 조금씩 맞춰가려는 노력이 필요하다는 생각이다. 결국 사람과 사람의 마음이 맞닿아야 뭔가를 해도 할 수 있으므로.

오후 1시 30분이 되자 최정만이 교육사업 부문 전체 직원들을 본점 2층으로 모두 불러모았다. 이 자리는 의도가 있는 자리였다. 앞에서 말한 잡스와의 격렬한 대화 분위기와 그대로 이어졌다. 최정만은 교육사업 부문을 지금보다 훨씬 더 공격적으로 변화시키고 싶었다. 조금 더는 최정만에게 별 의미가 없었다. 직원들이 다 모이자, 최정만은 참석자 전체에게 휴대폰을 끄고 비행기 모드로 바꿀 것을 요청했다. 직원들은 군소리 없이 모두 비행기 모드에 탑승했다.

최정만은 모이게 한 것에 대해 잠깐의 설명을 곁들였다. "우리, 변하지 않으면 생존할 수 없습니다."라는 말이었다. 그리곤 이내 동영상 강의 한 편을 같이 보자고 제안했다. 강의는 최진석 교수의 장자 철학에 대한 강의였다. 사실 이 시기에 최정만은 최진석 교수의 장자 이야기에 미쳐 있었다. 그의 책을 읽고 또 읽었다. 그리고 그의 강의를 듣고 또 들었다. 밥을 먹을 때도 짬짬이 미팅을 할때도 길을 걸을 때도 온통 장자 이야기뿐이었다.

최진석 교수의 강의를 한 마디로 정의하면 '변해야 산다.'라는 이야기였다. 제목은 장자 이야기였지만, 장자의 가르침에 대한 것보다는 장자의 철학에 대한 깊은 이야기였다. 교육사업 부문 직원들은 듣는 내내 초롱초롱한 눈빛으로 화면에서 전해지는 최진석 교수의 말을 집중했다.

조셉은 이 강의를 열 번쯤 돌려 들었다고 했다. 외울 정도로 들었고 또 들을 거라고 했다. 그렇다 최정만에게는 이렇게 집요한 면이 있다. 솔직히 최정만의 이 점에 적응하지 못하면 청년들은 다니기 쉬운 회사가 아니다. 하지만 미치지 않고 사업에 성공한 사람이 있을까?, 미치지 않고 자신의 인생에서 무언가를 발견한 사람들이 있을까? 이 부분에 대해서는 스스로에 대한 질문이 필요하다. 스스로 자신의 철학을 가져야 하고 리더에 대한 믿음도 필요하다. 리더가 회사의 성공에 미쳐 있다면 구성원들도 함께 미쳐야 성공을 이룰수 있다. 그런 면에서 청년들이라는 조직에는 미친 사람들이 많다.

6
미안합니다, 우리는 다른 세무사들과 경쟁하지 않습니다

청년들은 기존의 세무사들이나 세무법인들과 경쟁하지 않는다. 건방지게 들릴지 모르겠으나, 우리는 기존에 가진 세무업 자체가 매력이 없기 때문이다. 우리가 기존의 세무업과 경쟁하지 않는 이유는 세 가지 정도로 간략하게 정리할 수 있다.

첫째, 기존의 일하는 방식이 너무 고리타분하고 구시대적이다. 세상은 변했는데 세무업은 농경사회 이후로 업무 스타일에 변함이 없다. 고객에 대한 서비스의 질이 30년 전, 20년 전, 10년 전, 그리고 지금의 차이가 거의 없다. 기장을 많이 해야 돈을 버는 구조다. 한 사람이 많은 회사의 일을 처리해야 한다. 너무 많은 회사의 일을 처리하기 때문에, 실무자는 고객과 소통할 시간이 만들어지지 않는다.

그래서 고객과 만나지 않게 되고, 고객을 만나지 않는 것이 자연스럽게 된다. 심지어는 담당자가 퇴사하고 두세 번 바뀌는 동안 담당자의 얼굴을 한 번도 못 보는 경우도 있다. 업무 담당자와 고객과 소통 없이 제대로 된 업무처리가 가능하기는 할까? 신고 업무를 넘어선 고객 회사의 문제점을 찾고, 고객에게 알리고, 해결하는 등의 고차원적 세무 서비스를 해야 하는데, 일하는 방식 때문에 개선이 불가능하다.

왜 이 세무사 사무실이어야 하는지, 왜 이 담당자여야 하는지가 없다. 20년 차가 업무를 처리하든, 10년 차가 업무를 처리하든, 1년 차가 업무를 처리하든, 같은 대접을 받는다. 이 말이 무슨 말이냐면, 실력이 뛰어난 사람과 신입사원의 대우가 같다는 말이다. 이런 경우, 사람들은 하향평준화의 편안함을 선택하게 된다. 당장 눈에 보이는 것만 가지고 경쟁하면 '저렴한 가격'에 초점을 두게 된다. 청년들은 이런 경쟁을 극도로 싫어한다.

둘째, 기존의 조직문화가 여러 부분에서 너무 경직되어 있다. 아쉽게도 10년 전이나 지금이나 세무업의 조직문화 분위기는 차이가 별로 없다. 예전에 비해 사람만 젊은 세대로 대체됐을 뿐, 개인주의가 여전하고 서로 협력하지 않는다. 세무업에 신규로 입사하는 사람이나, 경력직들이 가장 많이 쏟아놓는 불만이 있다. 분명 입사하면 업무를 많이 알려주겠다거나 친절하게 알려주겠다고 했는데, 도움을 주는 사람이 아무도 없다.

 이런 사람들이 그 공간에서 자리를 잡으면 다른 사람을 도울 수 있을까? 이건 문화를 바꾸지 않으면 가능한 부분이 아니다. 그래서 달라지지 않는다. 문화를 바꿀 수 없으니까. 문화를 바꾸는 것이 돈을 버는 것보다 어려우니까. 2023년 11월 30일, 청년들은 영등포 본점 회의실에 채용설명회를 했다. 이날 참석자 중에는 남부지방에서 KTX를 타고 올라온 사람도 있었고, 꽤 많은 사람이 참석했다. 많은 말들이 오갔는데, 세무업의 조직문화 이야기도 있었다.

 친절하게 알려준다고 해서 갔는데, 친절하게 알려주는 사람은 없었다. 회계법인은 좀 나을까 하고 갔는데, 그곳도 비슷했다. 말도 없이 책상만 쳐다보며 기계처럼 일하는 분위기가 너무 싫었다. 기존에 근무하던 곳의 문화가 너무 칙칙해서 다른 곳으로 옮겼는데, 차이가 없었다. 세무업을 경험한 사람들이 가장 싫다고 말한 것들이 이런 것들이었다.

 셋째, 도전을 회피하기 때문이다. 기업들은 30년, 20년 전부터 혁신을 말하고 변화해야 산다고 말한다. 변화하지 않으면 생존 자체가 불가능하다고 말한다. 그러나 세무업이 앞으로도 변하지 않고 생존이 가능할까?

 세무업은 예전이나 지금이나 변화를 싫어한다. 말로야 우리도 변하지 않으면 생존이 어려운 시기가 올 거라고 하는 사람들은 있지만, 진짜 변하려고 시도하는 사람이나 조직은 찾아 보기가 어렵다. 생각은 가깝고 행동은 멀다. 이건 정해진 세율을 다루는 업의 한계, 자격을 가진 사람만 창업할 수 있는 업의 한계 때문일지도 모른다. 하지만 세무업도, 법률서비스업도, 회계업도, 의료산업도 변하지 않고 살아갈 수 있는 곳은 없다. 도봉구에 있는 한 고등학교가 사라질 것을, 학생이 없어서 대학이 폐교되거나 사라질 거라고 예상했던 사람은 없었다. 하지만 이런 상황은 현실이다. 지금 사라져가는 대학 중에는 과거에 명문이라 불렸던 곳들도 부지기수다.

 우리가 기존의 세무업과 경쟁하지 않는다고 말하는 것은 앞에서 말한 세 가지를 바꿔보겠다고 덤비는 곳을 보지 못했기 때문이다. 사실 청년들처럼 미친 생각을 하고 행동으로 옮길 수 있는 집단은 많지 않은 것이 정상이다. 하지만 그런 곳들이 많아졌으면 좋겠다. 그것이 세무업의 경쟁력을 키우는 길이 될 것이기 때문에. 우리는 규모를 떠나 우리와 같은 생각을 가지고 행동하고 도전하는 곳이라면 그곳이 어디든 우리의 경쟁자다.
 우리가 쓰는 이 책이 목표하는 바는 거래처 한두 개 더 늘려보겠다는 얕은 생각이 아니다. 만약 그렇게 작은 생각이었다면, 이렇게까지 유난을 떨며 책까지 쓰지 않아도 될 것이다. 이런 방법이 아니어도 청년들의 거래처를 늘려가는 것은 어렵지 않다. 청년들의 의장인 최정만과 이규상, 그리고 팀장들은 영업에 탁월한 능력이 있는 사람들이다. 무엇보다 우리 거래처의 숫자는 안정적이고, 무리하지 않아도 되는 수준은 이미 넘어섰다. 오히려 신규 거래를 요청하는 곳들을 소화하지 못해 거절하고 있다. 이 부분은 우리가 개발한 시스템인 블루홀이 정착되면 해결될 일이기는 하다.

  우리에게 거래처 한두 개를 늘리고, 좀 더 큰 세무법인과 경쟁하고 이런 건 매우 1차원적인 문제다. 이런 정도의 목표였다면, 블루홀 개발을 위해 우리 체력보다 더 큰 투자를 하지 않았을 것이다. 우리가 뛰어든 시장은 세무업의 OS, 운영체제로 세무업의 판을 바꾸는 시장이다. 우리가 세무업의 판을 뒤집어 보겠다고 도전하는 것은 앞에서 말한 세 가지 이유 때문이다. 우리가 하는 도전은 세무업의 일하는 방식을 바꾸는 것, 세무업의 문화를 통째로 바꾸는 것, 도전하는 문화가 자연스러운 조직이 되는 것, 이 세 가지다.

7
창원에서 서울까지 청년들을 찾아온 '디스이즈'

태미는 세무법인청년들의 3팀 팀장을 맡고 있다. 타 세무법인에 근무하다 2021년 10월, 세무법인청년들에 합류하게 되었다. 태미는 청년들의 비전이 좋았고, 청년들의 꿈이 좋았고, 직원들의 눈빛들이 살아있어서 좋았다. 그래서 합류를 결정했다. 입사할 즈음 청년들에는 많은 시련과 불협화음이 있었는데, 태미는 이 모든 과정을 거치고 굳건하게 자리를 잡았다. 태미는 이 당시의 소용돌이를 도전의식과 편안함과의 다툼으로 기억한다.

이것 외에도 청년들은 또 다른 특징을 가지고 있었다. 청년들은 페이퍼리스와 구글 스프레드시트, 노션, 잔디, 플로우 등 새로운 프로그램을 사용했다. 업무적 편의성이 있는 것이라면, 새로운 것을 도입하고 그 어떤 것도 피하지 않았다. 기존 세무법인에서 일하던 방식과는 많은 부분이 달랐다. 사용하지 않는 새로운 프로그램을 배워야 했고, 사용해야 했고, 리더들에게 교육을 받아야 했고, 조직의 요구로 책을 읽어야 했다. 이런 상황이 힘들었지만, 태미는 뭔가 살아 있는 조직 같아서 좋았다.

'아, 여기는 조금 다르게 일하는구나.'

낯선 공간, 새로운 동료, 새로운 거래처에 적응하던 시기에 의류 쇼핑몰 회사인 '디스이즈'를 고객으로 만났다. 이 거래처는 태미에게 좀 각별하다. 청년들로 옮겨온 지, 얼마 되지 않아 새로 연결된 거래처이기 때문이다. 태미는 당시 청년들의 문화에 적응하느라, 디스이즈를 많이 신경 쓰지 못해서 미안한 마음을 가지고 있다(태미가 이런 마음을 말했지만, 실제로는 매우 신경을 많이 썼음. 이때만 해도 태미는 이재혁 대표를 조금 어려워했음…).

그럼에도 가장 좋아하는 거래처, 가장 마음이 많이 가는 거래처라고 자랑스럽게 말한다. 디스이즈를 만난 건 시작부터 특이했다. 고객에게 문의 전화가 걸려 왔는데, 창원에서 걸려 온 전화였다. 결국 미팅까지 진행이 됐고, 계약까지 일사천리로 진행이 되었다. 이때 디스이즈 이재혁 대표가 청년들과 거래하게 된 건, 청년들의 특이함과 정신과 그에 대한 믿음 때문이다.

"대표님, 그런데 청년들을 어떻게 알게 되셨나요? 그게 참 웃겨요. 인터넷을 검색하다가 우연히 최정만 대표의 글을 읽게 됐고, 청년들의 문화에 대해 알게 됐고, 청년들에 매력을 느끼게 됐어요. 홈페이지를 둘러 보다 보니까, 다른 곳들과는 다른 무언가가 있었어요. 무엇보다 탁월함과 재미를 추구하는 문화가 좋았습니다. 일반적으로는 홈페이지가 형식적이죠. 만들어 놓고 쳐다도 보지 않는 게 일반적인데, 청년들은 그렇지 않았어요. 주제는 다르지만, 매일 새로운 글이 올라왔어요. 그리고 그 글에는 진심이 있었습니다. 이건 매우 중요한 문제라고 생각합니다.

그것도 대표 한 명이 아닌, 여러 사람이 글을 올리는 모습이 특이했어요. 이런 사소함에서도 청년들의 문화를 느낄 수 있었어요. 한마디로 진정성을 느낀 거죠. 사실 사기를 치려고 해도 이렇게 잘하기는 어려워요. 무엇보다 지속하기가 불가능에 가깝죠. 그런데 청년들은 홈페이지를 통해 계속 청년들의 이야기를 올리더라고요. 쉬지 않고. 제가 이번까지 사업을 서너 번째 하는 것 같아요. 이제서야 확고하게 자리를 잡았습니다.

창업과 폐업을 반복했어요. 세무사에 대한 경험이 많다는 의미입니다. 이런 경험 때문에 세무업에 진심을 가진 좋은 세무사를 찾아야겠다고 생각했어요. 창업과 폐업을 반복할 때마다 느낀 것은 '세무사 사무실의 일 처리가 참 별로다.'라는 거였어요. 이때 알게 된 것이, 가까운 곳에 있는 세무사 사무실, 지인, 지인의 지인과 관련된 세무사 사무실이 아무 의미 없다는 거였어요. 중요한 건 실력이라는 생각을 하게 됐고, 그들의 직업 정신은 더 중요하다고 생각했어요. 경험에서 배운 거죠.

 그러다 우연한 기회에 세무법인청년들을 알게 됐습니다. 거리나 위치는 중요하지 않았어요. 그거 아세요? 내가 입주해 있는 건물에 세무법인이 5곳이나 있다는 것을요. 심지어는 우리 층에도 세무사 사무실이 두 곳이나 있어요. 창원에서 사업을 하는 내가 굳이 서울에 있는 세무법인청년들을 찾은 건, 세금을 비즈니스로 여기기 때문이에요. 그중에서도 매우 중요한 비즈니스 영역이라고 생각합니다. 앞으로 우리 디스이즈를 잘 부탁드립니다."

 사실 세무업무야 창원이 아니라 제주도라도 할 수 있지만, 자신의 지역을 벗어난 세무사 사무실과 거래하는 것은 쉽지 않은 일이다. 보통의 고객들은 멀리 있는 세무법인과는 거래를 잘 하지 않는다. 사실 크게 다를 것은 없지만, 지역에 있는 세무사 사무실과 거래해야 더 잘 할 거라는 막연한 믿음, 문제가 생겼을 때 더 잘 대응할 거라는 막연한 믿음 때문이다. 디스이즈는 그 편견을 깨고 우리를 찾아준 것이다. 우리가 이런 마음을 준 거래처에 애정을 가지는 것은 당연한 일일 거다.

 ㈜디스이즈는 경상남도 창원에 소재하고 있다. '밀크티'라는 브랜드로 여성 의류를 인터넷에서 판매하고 있다. 여성들에게 많이 알

려져 있는데, 특히 10대와 20대에게 핫한 브랜드다. 젊은 세대라면 누구나 아는 '에이블리'라는 의류 판매 플랫폼에서 가장 많이 팔리는 브랜드 중 하나다. 밀크티의 콘셉트는 명확하다. 사람들의 시선을 끌 만큼 매력적인 디자인을 가졌다. 거기에 더해 가격대가 매우 저렴하다. 품질이 좋은 것은 기본이다. 가성비의 끝판왕인 셈이다.

　나중에 안 사실이지만, 우리 가족 5명 중에도 이 브랜드의 고객이 4명이나 있었다. 원래는 아이들이 이 브랜드의 고객이었는데, 아내는 아이들 옷을 대신 결제해주다가 이 브랜드의 고객이 되었다. 다시 말해 나를 제외한 모든 식구가 이 브랜드의 팬덤인 셈이다. 우리는 이런 착한 브랜드가 사랑받았으면 좋겠다. 굳이 청년들의 응원이 아니어도 충분히 잘나가고 있지만, 우리는 이런 우리의 거래처, 파트너가 오늘보다 내일, 내일보다 미래에 더 흥했으면 좋겠다. 그리고 이런 마음을 직원들과 미팅 할 때마다 함께 나눈다. 지극히 당연한 말이지만 우리는 고객사의 성공이 우리가 가장 빨리 성공하는 길인 것을 이해하고 있다.

　㈜디스이즈는 매출액이 꽤 높은 회사다. 그리고 지속적인 성장을 할 거라고 믿는다. 우리는 이 과정에서 우리가 할 수 있는 역할, 도울 수 있는 것들을 찾을 것이다. 단기적으로는 잘 보이지 않겠지만, 우리는 ㈜디스이즈가 청년들을 만난 것이 행운으로 느껴질 수 있도록 노력할 것이다. ㈜디스이즈가 우리에게 행운인 것처럼.

에필로그

자산가는
왜 세금 때문에 망가질까?

대기업에서 상속, 가업승계가 이루어질 때는 늘 세간의 관심거리가 됩니다. 기업의 규모에 따라 다르기는 하지만, 대기업 집단은 몇 백, 몇 천 단위의 세금을 냅니다. 일부는 조 단위의 세금을 내기도 합니다. 실제로 국내 TOP5 그룹의 상속세는 수조 원에 이르는 것으로 알려져 있습니다. 일반인들의 삶과는 전혀 동떨어진 금액을 언급하는 이런 세금의 언어들이 기사화되곤 합니다. 이 말과 함께 세트로 움직이는 말이 있습니다. 바로 상속세를 탈세했거나, 불법을 했다거나, 변칙적인 방법을 사용했다는 말과 유사한 문장들입니다.

하지만 이런 기사들이 나온다고 해서 실제로 법적인 문제로 이어지는 경우는 많지 않습니다. 꽤 많은 경우 '도의적으로는 문제가 있지만, 법적으로는 하자가 없다'라는 말도 함께 듣게 됩니다. 왜 이런 일이 벌어지는 걸까요? 대체로 그들의 절세 전략이 매우 고도화되어 있기 때문입니다. 기업에 따라 세금 절세의 방법은 조금씩 차이가 있지만, 전혀 차이가 없는 한 가지가 있습니다. 그건 아주 오랫동안 준비되었고 진행되었다는 것입니다. 절세의 시작은 매우 적은 금액이지만, 시간을 보내면서 매우 큰 차이를 만들어 냅니다. 게다가 이 방법을 사용해 보지 않은 사람들은 이 방법의 대단함을 알지조차 못합니다.

미성년자에 대한 증여세 비과세 한도의 활용을 예로 들 수 있습니다. 이 방법의 한도 금액은 2023년 기준 고작 2,000만 원이 전부입니다. 과거에는 이보다 금액이 더 적었습니다. 그럼에도 전통적인 부자들은 자녀가 태어나자마자 이 방법부터 사용합니다. 더 정확하게 말하자면, 전통적인 부호들은 손주가 태어날 때부터 이 방법을 사용합니다. 자손이 태어나자마자 자금출처를 만들어주기 시작하는 것이죠. 내가 이 방법을 아는 건, 이 방법을 실행했던 사람이기 때문입니다. 이것이 대단한 기술인 이유는 딱 하나입니다. 고작 기 천만 원일 뿐이지만, 시간을 굴려가면서 절세의 원천을 늘리기 때문입니다.

어떤 나라든 세금은 매우 정밀하게 설계가 되어 있습니다. 누구도 피해 갈 길이 없죠. 그래서 일반인들은 거의 같은 세금을 내고 살아갑니다. 대부분은 그렇습니다. 그래서 사업자들은 세무사와 거래할 때 차별화나 실력에 대해 그다지 고려하지 않습니다. 세금을 중요하게 생각하면서도, 정작 세금 업무를 하는 사람의 일이 대단하다고 여기지 않기 때문입니다. 어떤 면에서는 틀리지 않은 말이기도 합니다. 실제로 별 차이가 없습니다.

하지만 고액 자산가나 어느 정도의 수입을 넘기는 사업자에 대한 세금은 이야기가 조금 다릅니다. 앞에서도 말했습니다. 세금은 매우 정밀하게 설계가 되어 있다고. 심지어는 인간의 생애주기까지 고려해서 설계가 되어 있습니다. 그러나 아무리 설계를 완벽하게 해도 합법과 불법 사이의 괴리를 모두 없앨 수는 없습니다. 그래서 누군가는 세금에서 혜택을 받고, 누군가는 받지 못하는 부분이 생깁니다. 똑똑한 사람도 쉽게 예측하지 못하는 것이 있습니다. 바로 시간이라는 환경입니다.

국가의 환경이나 사회 환경, 사람들 생각의 변화, 출산율, 기업의 환경, 트렌드의 변화 등은 세율이나 세금의 조건을 달라지게 만들지만 아무도 예측하지 못합니다. 모든 경우의 수를 고려한다는 것은 현실적으로도 불가능하지만, 이론적으로도 불가능합니다. 세금의 경계를 삭제시킬 수 없기 때문입니다. 이건 시간의 복리를 이해하는 사람만 이해할 수 있습니다. 만약 시간의 복리를 이해하지 못하는 분이라면 이런 세금 이야기는 모두 시간 낭비일 뿐입니다.

갑자기 대기업이 된 곳이 아니라면, 어느 기업집단이나 자신들만의 세금 관리 방법을 가지고 있습니다. 그리고 이 방법은 횟수를 더해가면서 세금 관리의 기술이 됩니다. 모르는 사람들은 상속세를 낼 때, 유명한 법무법인이나 회계법인 등에 단순히 용역을 주어 방법을 찾는 것으로 생각하게 됩니다. 보이는 것만 보는 것이죠. 하지만 세금에 대한 학습이 되어 있는 기업집단이나 자산가는 내부 혹은 아주 가까운 곳에 세금의 흐름을 관리하는 사람이 있습니다. 외형적인 모습은 비서실일 수도 있고, 재무부서일 수도 있고, 비서실장일 수도 있고, 집사일 수도 있습니다. 명칭은 그다지 중요하지 않습니다.

그들은 대부분 자산가의 주변에서 세금적 책사 역할을 합니다. 증여나 상속할 때 그들이 절세를 위한 설계를 하고 용역을 주는 구조인 경우가 많습니다. 이 과정을 통해 자신들이 설계한 방법이 맞는지, 혹은 문제가 없는지, 아니면 더 좋은 방법이 없는지를 확인하는 구조입니다. 용역을 준 곳에서 더 좋은 방법을 제안하더라도, 그 방법을 곧이곧대로 믿지 않습니다. 내부의 전문가가 한 번 더 확인하고, 또 확인하는 절차를 거친 이후에 그 방법을 사용합니다. 만약 이런 핵심 브레인이 없이 단순한 외주를 믿고 뭔가를 실행하는 곳은 경험이 많지 않은 곳이라 할 수 있습니다.

대기업과 달리 어중간한 자산가들은 세금 영역에서 절세 효과를 보지 못하는 경우가 많습니다. 오히려 세금 폭탄을 맞고 나라를 욕하는 경우가 더 많습니다. 안타까운 일이죠. 이유는 한 가지입니다. 자기의 재산 혹은 자산을 너무 가볍게 취급하기 때문입니다. 내가 자식에게 뭔가를 물려줄 때, 어떤 조건을 달아야 한다고 생각하는 경우가 많아서입니다. 이에 비해 대기업이나 큰 자산가들은 조건을 전혀 고려하지 않습니다. 나중에 물려줄 큰 재산에 대해서는 조건을 고려하지만, 기본은 모두에게 동일한 방법을 적용합니다. 자식과 손주가 태어나면서부터 조금씩 물려주기 시작합니다. 이건 자산가들이 거의 비슷한 방법을 사용하고 있습니다.

하지만 어중간한 자산가나 갑자기 부자가 된 사람들은 생각할 시간을 많이 가집니다. 어떤 경우는 자녀가 환갑이 될 때까지도 고민합니다. 심지어는 자식에게 재산을 물려주면 망가진다는 이유로 재산의 대물림을 하지 않겠다고 호언하는 사람도 있습니다. 실제로 그럴까요? 부모는 누구나 나이를 먹으면 자식에게 재산을 물려줍니다. 그리고 물려주고 싶어합니다. 대부분 이땐 많은 세금을 물어야 하죠. 늦은 증여나 상속은 세금을 줄일 수 있는 방법이 그다지 많지 않습니다. 그래서 적지 않은 분들이 이상한 방법과 논리로 탈세를 선택합니다. 그러나 이 방법은 절대 통하지 않습니다. 100% 또는 그 이상으로 세금을 환수당하게 됩니다. 여기서 교훈을 얻을 수 있어야 합니다.

'세금은 비즈니스 영역입니다.'

세금은 말 그대로 비즈니스이고, 비즈니스로 다뤄져야 합니다. 사업자들에게 세무사의 선택기준을 질문하면 지인이라거나, 지인의 지인이라고 대답하는 사람이 다수입니다. 과연 이건 합리적인 방법일까요? 세금을 이렇게 가볍게 취급하면, 세금에서 이익을 누릴 수 없습니다. 청년들은 세금이 비즈니스로 다뤄지기를 희망합니다. 사업을 하는 목적은 돈을 벌기 위해서니까요.

'단기 세금은 많이 내야 합니다.'

사람들은 세금을 안내거나 적게 내는 것이 좋다고 말합니다. 청년들은 고객이 세금을 많이 내는 방법을 돕습니다. 적게 벌어 세금을 적게 내는 것보다, 많이 벌어 세금을 많이 내는 것이 훨씬 더 건강한 방법이라고 여기기 때문입니다. 적게 벌면 당연히 세금은 적습니다. 하지만 내야 할 세금을 내지 않으면 분명 탈이 생깁니다. 그리고 그런 세금은 적은 금액의 세금을 큰 금액으로 키웁니다. 우리는 이런 초보적인 세금 관리와 불법적인 일을 단호하게 거절합니다.

'장기 세금은 최대한 줄여야 합니다.'

단기적인 세금은 임의대로 줄일 수 없습니다. 그리고 줄여서도 안 됩니다. 대부분 문제가 되어 돌아옵니다. 다시 말해 앞에서 세금을 줄이는 것처럼 보이지만, 시간을 보내고 나면 눈덩이처럼 불어난 세금을 감당해야 하기 때문입니다. 하지만 장기적으로 걸쳐있는 세금은 줄일 방법이 있습니다. 이건 세무적 지식으로만 가능하다고 여기지 않습니다. 다시 말해 상상력이 세금을 줄일 수 있다고 생각합니다. 어느 시대나 절세의 방법은 있습니다.

하지만 국가는 바보가 아닙니다. 적은 세금을 줄이는 것들은 그냥 놓아두지만, 큰 세금을 줄어드는 것들은 발견이 되면 찾아서 법으로 막아버립니다. 하지만 뛰어난 사람들은 또 다른 지혜로운 방법을 찾아 절세를 합니다. 청년들은 이런 지혜는 상상력이 만든다고 생각합니다. 우리가 책을 읽고 공부하는 조직으로 성장하고자 하는 것은 생각하는 능력, 상상력을 키우기 위해서입니다.

우리는 감히 말합니다. 이 책을 읽는 당신이 청년들의 고객이 되었으면 좋겠습니다. 우리는 거래처가 누릴 수 있는 경영적 혜택을 찾고, 절세 혜택을 누릴 수 있도록 공부하고 찾을 겁니다. 고객사가 10년을 넘어 100년 이상 성장하고, 안전하게 가업을 이어갈 수 있는 기업이 되었으면 하는 마음 때문입니다. 우리는 이것이 청년들이 가장 빨리 성공하는 방법이라 믿습니다.

"우리는 세무업의 TOP 브랜드가 될, '세무법인청년들'입니다!"

에필로그

청년들의 미래를
만드는 사람들

우리 청년들은 세무업계의 후발주자로 출발해서 지금까지 성장해왔다. 공동창업자인 최정만 세무사와 이규상 세무사에 이어 염정희 세무사, 임상범 세무사, 김진우 세무사, 신상협 세무사, 안보영 세무사가 뜻을 모았다. 이어서 법인 전문 세무사인 김민호 세무사, 국세청 16년 경력의 정필규 세무사가 합류하면서 초기 진용이 갖추어졌다. 앞으로도 쟁쟁한 실력을 가진 진취적인 세무사들이 해마다 충원될 것이고, 막강한 라인업이 형성될 것이다. 특히 청주를 거점으로 하는 김재영 세무사의 합류는 세무법인 청년들의 가파른 성장세에 기폭제가 될 것이다. 우리가 하나로 뭉쳐 성장하는 데에는 적절한 시기에 합류한 구성원들의 힘이 있었기에 가능했다.

청년들의 IT 개발을 책임지고 있는 윤주헌&김정민, 교육사업 부문을 이끄는 김정태&정진이, 경리사업 부문을 이끄는 금종석&박

지훈, 건설업사업 부문의 이용희&박성우, 신고대리사업 부문을 이끄는 이민용&장경민&장동헌, 기장사업 부문을 책임지고 있는 이해량, 김영은, 김지우, 이혜영, 최준영, 조혜진, 이예림은 청년들의 보석과 같은 존재다. 청년들은 여러 관점에서 조명할 수 있지만, 100여 명이 넘는 구성원은 똘똘 뭉쳐 하나의 거대한 플랫폼을 향해서 달려갈 것이다. 매년 전문성을 가진 세무사와 직원들이 합류하고 있다. 이 부분은 지속해서 가속화될 것이다.

청년들은 다른 어떤 세무법인보다도 뛰어난 인재가 많은 곳이지만, 역설적으로 눈에 띄는 스타플레이어는 없다. 창업자인 최정만 세무사와 이규상 세무사의 철학이 모든 구성원에게 스며들었기 때문이다. 고객의 눈높이에 맞춘 전문성과 서비스, 각 분야 최고의 전문가로 이루어진 다양한 인재풀, 원팀으로서의 조직적인 협업, IT에 대한 선제적 투자, 무엇보다 인재 채용과 교육에 대한 진심은 청년들의 플랫폼을 구성하는 핵심 요소들이다.

이 핵심 요소를 계속해서 발전시킨다면 청년들의 미래 핵심역량은 한층 배가 될 것이다. 청년들의 전체 구성원들은 한목소리로 한결같이 외치고 있다. 대한민국 주요 도시에 청년들의 지점을 확대할 것이고, 축적된 업무 경험을 데이터베이스화 할 것이고, 인공지능을 활용하는 창의적이고 혁신적인 업무방식을 청년들에 결합하여 고객을 위한 새로운 가치를 창출할 것이라고 말이다.

지금부터 10년이 지나면 2034년이 된다. 물론 그때에도 세무법인 청년들의 이름은 변치 않고 여전히 청년들로 성장해 가고 있을 것이다. 청년들이라는 이름은 세상에 대하여 당연함과 익숙함이 아닌 '호기심'을 가지고 도전해 나가기 위해 지어진 이름이다. 청년들이라는 호기심의 씨앗이 땅에 뿌려져 싹이 틔웠고, 줄기가 만들어졌다. 우리는 '블루홀'이라는 줄기를 통해 우리와 결이 맞는 거래처 3만 개를 연결시킬 것이다. 우리 고객의 블루홀에 대한 경험은 세무 기장업무의 정의를 완전히 바꾸어 놓을 것이다. '멘탈 시리즈'라는 줄기는 청년들의 인재 육성 사관학교가 될 것이며, 청년들 '교육 시스템'이라는 줄기는 수십만 명의 세무 회계인에게 희망을 줄 것이다. '전산 경리 자격증'이라는 줄기는 30만 명의 사람들에게 경리업무의 표준을 보여줄 것이다.

'남들과 같다면 진 것이다.'

우리는 이 한 문장을 붙잡고 우직하게 걸어가면 청년들의 꿈이 반드시 이루어질 것으로 믿는다.

세무법인청년들 문화기획자 명대성

초판 인쇄 2024년 4월 29일
초판 발행 2024년 5월 30일

지은이 명대성

펴낸이 명대성
펴낸곳 도서출판 밀리언북스

총괄·기획·편집 명대성

주소 (11473) 경기도 양주시 옥정동로7다길 74, 6620호 (옥정동)
전화 070-5221-0006
팩스 0504-399-1091
이메일 marine646@naver.com

출판등록 2023년 12월 27일 (제559-2023-000040호)

ISBN 979-11-987548-1-3 (03190)

밀리언북스(주) 백만 명의 가슴에 새기는 글
* 이 책은 저작권법에 따라 보호받는 저작물이므로 무단전재와 무단복제를 금지하며, 이 책 내용의 전부 또는 일부를 이용하려면 반드시 저작권자와 밀리언북스(주)의 서면동의를 받아야 합니다.
* 잘못된 책은 바꿔드립니다.
* 책값은 뒤표지에 있습니다.

> **밀리언북스(Millionbooks)**는 독자와 창작자 여러분의 다양한 아이디어와 원고 투고를 설레는 마음으로 기다리고 있습니다. 책으로 엮기를 원하는 아이디어가 있으신 분은 언제든지 기획서와 원고, 연락처 등을 보내주세요. 머뭇거리지 말고 문을 두드리세요. 전향적으로 검토하겠습니다.
>
> **보내실 곳** marine646@naver.com